LE THÉATRE NATIONAL
EN FRANCE
DE 1800 A 1830

Michèle H. JONES

LE THÉATRE NATIONAL
EN FRANCE
DE 1800 A 1830

1975
EDITIONS KLINCKSIECK
PARIS

BIBLIOTHÈQUE FRANÇAISE ET ROMANE

publiée par le Centre de Philologie et de Littératures romanes
de l'Université des Sciences Humaines de Strasbourg

Directeur : Georges STRAKA

Série C : ETUDES LITTERAIRES

Les numéros 3, 4, 8, 9, 10, 13, et 29 sont en réimpression.

Cliché de la couverture :
Portrait de Talma (médaillon de David d'Angers)
Cliché Giraudon

ISBN 2.252.01736-8
© Brigitte Coste, 1975

AVANT-PROPOS

La présente étude se propose de donner, pour la période 1800-1830, une vue d'ensemble des œuvres dramatiques qui prennent leur matière, non pas dans l'histoire antique comme il était d'usage surtout depuis le Grand Siècle, mais dans l'héritage national, l'histoire de France.

En 1800, il ne s'agissait d'ailleurs plus là d'une innovation, car la matière nationale, utilisée dès le XVIe siècle, avait commencé à connaître un véritable début de carrière au XVIIIe siècle. Il existe, en fait, une étude qui couvre la veine nationale depuis ses origines jusqu'en 1800 en se limitant à la tragédie, celle de George Bernard Daniel, *The « tragédie nationale » in France from 1552 to 1800* [1]. Cette étude se termine par une liste succincte des différentes tragédies nationales en cinq actes et en vers qui furent représentées sur les scènes du Théâtre-Français et de l'Odéon de 1800 à 1830. Je me suis servi en partie de cette liste pour l'établissement d'une bibliographie des pièces nationales composées pendant la période que l'on trouvera en fin d'ouvrage.

Une autre thèse, celle de Marthe Trotain, *Les Scènes historiques : étude de théâtre livresque à la veille du drame romantique* [2], se limite aux œuvres dramatiques qui furent publiées mais non représentées de 1818 à 1829, et se base sur la bibliographie du théâtre historique donnée par Jules Marsan en appendice de son article « Le Théâtre historique et le romantisme, 1818-1829 » [3].

J'ai donc repris l'étude du théâtre national là où l'avait laissée G.B. Daniel, en 1800, pour la mener, par delà les scènes historiques, jusqu'à ce qui me paraît être son aboutissement naturel, le drame

---

1. *Studies in the Romance Languages and Literatures*, n° 45 (Chapel Hill : University of North Carolina Press, 1964).
2. Paris Honoré Champion, 1923.
3. *Revue d'histoire littéraire de la France*, XVII (1910), 1-33.

romantique national de Dumas, Vigny et Hugo, c'est-à-dire jusque vers 1830.

Par ailleurs, je ne me suis pas restreinte à l'étude de la tragédie, mais j'ai également voulu couvrir les deux autres genres dramatiques principaux que sont la comédie et le drame, ainsi que les scènes historiques, genre intermédiaire entre le drame et le roman. J'ai, par contre, délibérément laissé de côté l'étude des mélodrames historiques de Pixérécourt, et du trio Boirie, Léopold et Clément, ainsi que celle des vaudevilles, pantomines et mimodrames historiques, genres secondaires qui foisonnent pendant la période [4], ce qui, en entraînant trop loin la recherche, eût fait perdre de vue l'orientation des trois genres principaux. J'ai également écarté les « comédies historiques » de Nicolas Bouilly, telles que *Mme de Sévigné*, ou *Jean-Jacques Rousseau à ses derniers moments*, celle d'Andrieux, *Molière avec ses amis ou la soirée d'Auteuil*, de Moreau et Lafortelle, *Voltaire chez Ninon*, de Dumersan, *l'Original de Pourceaugnac ou Molière et les médecins*, de A. Brizeux et P. Busoni, *Racine*, etc. Ces œuvres traitent en effet des personnages qui me semblent appartenir davantage à l'histoire littéraire qu'à l'histoire tout court.

Enfin, cette étude ne prétend pas être exhaustive. Je me suis limitée à une vue d'ensemble du théâtre national et de son évolution pendant trois décades, en insistant tout particulièrement sur certains auteurs et sur certaines pièces qui m'ont paru d'un intérêt majeur pour l'orientation de cette évolution.

En dernier lieu, je tiens à remercier le professeur Braun de ses précieux conseils qui m'ont guidée tout au long de la rédaction de cette thèse, ainsi que les professeurs Peyre, Loy et Guédenet des soins qu'ils ont bien voulu apporter à sa correction.

---

4. Pour une liste de ces dernières pièces, voir l'ouvrage de F.W.M. Draper : *The Rise and Fall of the French Romantic Drama* (London : Constable & Compagny Ltd., 1923), an appendix to chap. VI Historical Plays (before 1829), pp. 149-50.

INTRODUCTION

Dès 1800, en France, il semblait bien que la tragédie classique, telle qu'elle avait été conçue par Corneille et Racine, fût sur son déclin. Ce genre, perpétué et affaibli au XVIIIᵉ siècle, ne pouvait plus guère convenir à un public qui avait fait la Révolution. Prétendre toucher les classes nouvelles issues de la tourmente révolutionnaire par le spectacle des malheurs de princes grecs ou romains semblait désormais pure hérésie et les besoins d'un théâtre plus populaire se faisaient sérieusement sentir.

Au XVIIIᵉ siècle, déjà, plusieurs novateurs s'étaient trouvés pour proposer des changements sinon dans la forme, du moins dans la matière. Voltaire ouvrit la voie en mettant dans ses tragédies imitées de Racine les noms d'anciennes familles de l'histoire de France. Et si *Zaïre, Tancrède* et *Adelaïde Du Guesclin* ne sont pas encore de véritables pièces nationales, en ce que leur sujet demeure fictif, ce sont du moins des jalons dans l'histoire de la tragédie nationale. En assistant aux pièces de Shakespeare lors de son exil en Angleterre, il avait en effet été frappé par le grand nombre de sujets pris dans l'histoire de ce pays et par la popularité dont ils jouissaient auprès du public. Dès 1732, dans l'épître dédicatoire de *Zaïre*, il rendait compte des possibilités de cette matière encore neuve en France :

> C'est au théâtre anglais que je dois la hardiesse que j'ai eue de mettre sur la scène les noms des rois et des anciennes familles du royaume. Il me paraît que cette nouveauté pourrait être la source d'un genre de tragédie qui nous est inconnu jusqu'ici et dont nous avons besoin. Il se trouvera sans doute des génies heureux qui perfectionneront cette idée dont Zaïre n'est qu'une faible ébauche [1].

---

1. Voltaire, *Œuvres complètes* (Kehl : Imprimerie de la Société Littéraire typographique, 1785), Vol. II, épître dédicatoire de Zaïre à M. Falkener, négociant anglais, p. 8.

Voltaire, quant à lui, s'en tint là, laissant à d'autres le soin de mettre l'idée en pratique. [2]

Charles Jean François Hénault, Président de l'Académie des Belles Lettres et auteur d'un *Abrégé chronologique de l'histoire de France*, fut de ceux-là. On ne lui doit qu'une pièce importante, *François II, roi de France*, dont la préface est un manifeste en faveur de la tragédie nationale :

> Est-ce que le Cardinal de Lorraine & le Duc de Guise, méditant la perte du Prince de Condé, ne sont pas aussi intéressans que les confidens de Ptolémée délibérant sur la mort de Pompée ? Est-ce que Catherine de Médicis ne vaut pas bien la Cléopâtre de Rodogune, et l'Agrippine de Néron ? Et pour sortir du Règne de François II, est-ce que [...] François 1er, Henri IV & c. ne sont pas des héros à mettre à côté de Nicomède, de Sertorius, de Stilicon & de Mithridate, & c ? Je ne dis pas seulement pour leur héroïsme, mais par les événemens qu'ils ont produits. Est-ce, enfin que la France ne vaut pas le Pont, la Bithinie, & c ? [3].

Tout comme Voltaire, le président Hénault reconnaissait sa dette envers Shakespeare dont le théâtre national lui rendit plus vivante l'histoire d'Angleterre et lui donna l'idée d'utiliser l'histoire de France dans le même but : « On a donné à cet ouvrage le titre de ' Théâtre François ', déclarait-il dans la préface à *François II*, « à l'imitation de celui de ' Théâtre Anglois ', pour faire voir que c'est le Théâtre Anglois qui en a donné l'idée : je souhaite, pour le profit de l'histoire, que quelqu'un soit tenté de suivre cette idée » [4]. Mais, on le voit, il s'agissait surtout là d'écrire l'histoire d'une manière nouvelle plutôt que de renover la matière tragique. Le président était érudit et historien avant d'être dramaturge, et *François II*, page d'histoire dialoguée plus que drame, ne fut jamais destiné à la scène.

Il fallut attendre 1765 et Pierre Laurent Buirette Du Belloy pour voir enfin triompher l'histoire nationale au théâtre avec *Le Siège de Calais*, pièce médiocre mais dont le succès sans précédent parut bien indiquer le goût naissant du public pour les sujets

---

2. George Bernard Daniel, dans sa thèse *The « Tragédie Nationale » in France, 1552-1800* (Chapel Hill : The University of North Carolina Press, *Studies in the Romances Languages and Literatures*, n° 45 [1964], p. 16), fait remonter à 1574 la première tragédie nationale, la *Tragédie de feu Gaspard de Colligny*. Le genre exista donc très tôt en France, mais, peu développé au XVIe siècle, il fut éclipsé au XVIIe par la tragédie classique, avant d'être redécouvert au XVIIIe.
3. C.J.F. Hénault, *Nouveau Théâtre François* (Paris, 1747), préface à *François II, roi de France* (sans pagination).
4. *Ibid.*

nationaux. En 1765, la France se trouvait dans une situation désespérée à la suite du règne malheureux de Louis XV. Paul Albert
explique ainsi l'accueil enthousiaste que l'on fit à la pièce :

> L'opinion publique était affamée d'héroïsme. Elle en
> voulait au moins dans le passé comme consolation aux
> hontes du présent. Du Belloy lui en donna en mettant sur
> la scène la légende d'Eustache de Saint-Pierre racontée par
> Froissard. La pièce réussit, non par ses mérites littéraires,
> qui sont nuls, mais grâce au choix du sujet. Il y a bien
> peu d'amour, comme dans les tragédies classiques, mais ce
> qui la remplit, c'est l'enthousiasme patriotique, c'est la
> glorification de la France [5].

Dans sa préface, Du Belloy revendique l'initiative du genre :

> Voici peut-être la première tragédie française où l'on
> ait procuré à la Nation le plaisir de s'intéresser pour elle-
> même. J'ai dû à cet avantage de mon sujet un succès que
> je n'aurais pu mériter à d'autres titres. Les Etrangers se
> demandent comment il est possible que, chez un peuple
> qui est en possession depuis plus d'un siècle de l'emporter
> sur tous les autres Peuples dans l'Art dramatique, on ait si
> peu puisé dans son Histoire les sujets dont on a enrichi
> son théâtre [6].

Il réclame également plus de pertinence dans le choix des sujets,
ainsi que des événements et des héros auxquels le public français
puisse s'identifier :

> Qu'on ne dise plus sans cesse en sortant de notre
> théâtre : les Grands Hommes que je viens de voir repré-
> senter étaient romains, je ne suis pas né dans un pays où
> je puisse leur ressembler ; mais que l'on dise au moins
> quelquefois : je viens de voir un Héros Français, je puis
> être Héros comme lui [7].

Misant encore une fois sur la veine patriotique, Du Belloy donna
un *Gaston et Bayard* [8] qui remporta un moindre succès, mais lui
valut désormais le titre « d'auteur patriote ». Dans la préface à cette

5. Paul Albert. *La Littérature française au XIXe siècle* (Paris : Hachette,
1884) I, 284.
6.Pierre Laurent Buirette Du Belloy, *Le Siège de Calais*, tragédie dédiée au roi
et représentée pour la première fois le 13 février 1765 (Paris : Duchesne, 1765),
préface, p.v.
7. *Ibid.*, pp. vj-vij.
8. *Gaston et Bayard*, tragédie nationale représentée pour la première fois au
Théâtre-Français le 24 avril 1771.

seconde pièce, il réitère sa croyance dans les possibilités du genre :
« Ma propre expérience m'a convaincu que notre histoire [...]
intéressoit plus que toutes les Fables de la Grèce » [9]. Pourtant, Du
Belloy ne possédait pas le génie littéraire nécessaire pour donner
au genre l'impulsion dont il avait besoin, et l'on ne peut guère imputer son succès au théâtre qu'à un heureux concours de circonstances.

Un autre dramaturge devait aussitôt prendre la relève :
Sébastien Mercier, apôtre et théoricien d'un Théâtre National et
Populaire. Dans un ouvrage intitulé *Du Théâtre ou nouvel Essai
sur l'Art Dramatique,* paru en 1773, Mercier soutient que l'imitation
des Grecs, telle qu'elle fut pratiquée au XVIIe siècle, a dénaturé les
principes mêmes du théâtre antique : « Ce peuple ingénieux [...]
étoit dominé par un véritable patriotisme. Il ne vouloit voir des
héros que dans sa propre histoire, et une grande action ne
commençoit à lui paroître admirable que lorsqu'elle étoit natura-
lisée » [10]. Or, le théâtre classique, en transposant servilement sur
la scène française l'histoire de la Grèce, a manqué l'essentiel, le
nationalisme : « Ces histoire surannées n'ayant aucun rapport avec
nos mœurs, avec notre gouvernement, nous avons gâté ces sujets
antiques en y mêlant des convenances modernes ; nous avons formé
des débris de leur théâtre un genre factice, faux, bizarre, que le petit
nombre a admiré, et auquel la multitude n'a jamais su rien comprendre » [11]. Quelle sera donc la tragédie véritable ?

> Ce sera celle qui sera entendue et saisie par tous les
> ordres de citoyens, qui aura un rapport intime avec les
> affaires politiques, qui tenant lieu de la tribune aux haran-
> gues éclairera le peuple sur ses vrais intérêts, le lui offri-
> ra sous des traits frappans, exaltera dans son cœur un
> patriotisme éclairé, lui fait chérir la patrie dont il sentira
> tous les avantages. Voilà la vraie tragédie, qui n'a guère
> été connue que chez les Grecs, & qui ne fera entendre ses
> fiers accents que dans un pays ou ceux de la liberté ne
> seront pas étouffés [12].

Pour cette dernière raison, la tragédie nationale telle que la conçoit
Mercier semble incompatible avec le régime politique de la France
en 1773, et il ne se fait pas faute de le reconnaître : « Gouvernés
par des monarques, n'ayant aucune participation aux affaires

---

9. Préface à *Gaston et Bayard* (Paris : Belin & Brunet, 1789), p. xvij.
10. Sébastien Mercier, *Du Théâtre, ou nouvel Essai sur l'Art Dramatique*
(Amsterdam : E. Van Harrevelt, 1773), p. 19.
11. *Ibid.,* pp. 22-23.
12. *Ibid.,* p. 40.

publiques, devant immoler nos projets patriotiques, et même nos pensées, que nous sommes loin de la tragédie nationale ! A peine la concevons-nous » [13]. Ce régime, pourtant, allait connaître sous peu une fin brutale, et peut-être Mercier l'anticipa-t-il, car il s'essaya à quatre reprises à la « vraie tragédie » ; en 1772 avec un épisode de la Saint-Barthélémy intitulé *Jean Hennuyer, évêque de Lisieux* dont le sujet, pris dans une chronique de Saint-Quentin, suppose, sans preuves à l'appui, que cet évêque s'opposa au massacre des protestants dans la nuit du 24 août 1572 ; puis en 1774 avec *Childéric Ier, roi de France* ; en 1782 avec *La Destruction de la ligue*, qui condamne le fanatisme religieux ; enfin en 1783 avec *La Mort de Louis XI*, pièce en cinquante scènes et en prose qui montre la fin d'un roi faible et bigot. Si ces productions n'eurent guère de succès, et si, dans les cercles littéraires de l'époque, on ne prit pas trop au sérieux ses théories, Mercier eut du moins le mérite de revendiquer un théâtre plus populaire, et, comme Du Belloy, plus patriotique. Pour la première fois, des dramaturges accordaient une attention toute particulière aux classes qui allaient faire la Révolution.

1789, année de la chute de la monarchie absolue, devait enfin lever les interdits qui s'opposaient au développement d'un théâtre national, et c'est cette même année que parut son manifeste décisif. Le *Discours préliminaire à Charles IX* de Marie-Joseph Chénier reprenait d'ailleurs sur bien des points les idées de ses prédécesseurs, mais il avait sur eux l'avantage d'arriver en temps opportun. Comme l'avait fait Mercier, Chénier attribuait l'impasse dans laquelle se trouvait le théâtre national à l'absolutisme du régime. Un tel théâtre ne pouvait être que l'apanage des nations éclairées. Ainsi, bien que la matière tragique ne manquât pas dans les annales de l'histoire de France, il s'était révélé impossible pour des dramaturges tels que Corneille, Racine ou même Voltaire d'imiter les Grecs en leur exemple d'un théâtre national :

> Les malheurs de la France, occasionnés presque toujours par la faiblesse des rois, par le despotisme des ministres, et l'esprit fanatique du clergé, auraient nécessairement rempli de véritables pièces nationales. Le gouvernement n'était point assez raisonnable pour le permettre ; et les Français n'étaient pas encore capables de les sentir [14].

---

13. *Ibid.*, p. 27.
14. Marie-Joseph Chénier, *Œuvres* (Paris : Guillaume, 1826), I, 153-54.

Dans son *Discours,* Chénier revendique donc l'initiative du genre :

> J'ai [...] saisi la seule gloire à laquelle il m'était permis
> d'aspirer : celle d'ouvrir la route, et de composer le pre-
> mier une tragédie vraiment nationale. Je dis le premier,
> car tout le monde doit sentir que des romans en dialogues
> sur des faits très peu importants, ou traités avec l'esprit
> de la servitude, ne sauraient s'appeler des « tragédies
> nationales » [15].

Et s'il rend hommage à Voltaire pour avoir fait « quelques
tragédies où le public français entendait au moins prononcer des
noms français » [16], il ne manifeste, en effet, guère de gratitude
envers Du Belloy :

> On a écrit, dans ces derniers temps, quelques tragédies
> sur des sujets français mais ces pièces sont une école de
> préjugés, de servitude et de mauvais style. Du Belloy, cal-
> culateur d'effets de théâtre, a substitué aux grands intérêts
> publics des niaiseries chevaleresques, des rodomontades
> militaires ; il a sacrifié sans cesse à la vanité de quelques
> maisons puissantes et à l'autorité arbitraire : il a donc
> fait des tragédies « antinationales » [17].

Quant à lui, il résume ainsi sa conception de la tragédie nationale :
« [...] introduire sur la scène française les époques célèbres de
l'histoire moderne, et particulièrement de l'histoire nationale :
[...] attacher à des passions, à des événements tragiques, un grand
intérêt politique, un grand but moral » [18].

Charles IX est une application de ces théories, et compte, avec
Le Siège de Calais, comme la pièce nationale la plus marquante
du XVIII⁰ siècle. Commencée dès 1786, terminée en 1788, elle ne
put être représentée avant le 4 novembre 1789, c'est-à-dire vingt mois
après avoir été reçue par la Comédie-Française. Bailly, maire de
Paris, la censura en effet en raison des désordres publics qu'il
anticipait à sa représentation, mais une cabale républicaine se
forma bientôt pour sa défense. La pièce fut finalement renvoyée
à l'Assemblée Nationale qui, alléguant l'abolition de toute censure,
leva l'interdit. Ce fut un succès immédiat, grâce au talent de Talma
dans son premier grand rôle, et, contrairement à toute attente, elle
ne donna pas lieu à la moindre effervescence, malgré la thèse
républicaine évidente : le réquisitoire de la tyrannie chez un roi

---

15. *Ibid.,* p. 162.
16. *Ibid.,* p. 160.
17. *Ibid.,* pp. 162-63.
18. *Ibid.,* p. 162.

coupable d'avoir ordonné le massacre de ses sujets protestants, ainsi que celui du fanatisme chez ses mauvais conseillers. Les contemporains eurent d'ailleurs tôt fait de transposer la pièce dans l'actualité : dans Charles IX, on vit Louis XVI, dans Catherine de Médicis, Marie-Antoinette, dans le chancelier de l'Hôpital, Necker, et dans l'admiral de Coligny, La Fayette. Louis XVI, en effet, isolé de son peuple à Versailles, entouré de mauvais conseillers, semblait être un Charles IX en puissance, et l'auteur, toujours royaliste bien qu'imbu des principes de 89, prenait soin de le mettre en garde dans son épître dédicatoire [19]. Le sous-titre de la pièce, « l'école des rois, » soulignait bien le caractère didactique de l'ouvrage. Dans *Charles IX*, la valeur exemplaire, moralisatrice, se joint à l'idée politique et patriotique. Il faut que le « poète national » [20] mette « sous les yeux de sa patrie, ses lois, son gouvernement, ses grands hommes, les époques célèbres de son histoire » [21], il faut qu'il instruise « ses contemporains en retraçant les malheurs et les fautes de leurs ancêtres » [22], Tel doit être le modèle de la tragédie nationale.

On voit ce que Chénier a pu emprunter à Du Belloy, malgré ses réticences à son égard : l'à-propos d'un théâtre mettant en scène des sujets tirés de l'histoire de France, et la valeur moralisatrice d'un tel théâtre. On voit également ce qu'il a pu prendre à Mercier : l'idée d'un théâtre-tribune s'adressant, avant tout, à des citoyens au sujet des affaires politiques du pays, et leur inculquant les vérités essentielles en même temps que l'amour de la patrie. Mais de telles pièces, en accordant une part aussi grande à la politique, menaçaient de tomber dans la propagande et dans l'esprit de parti. C'est ce qui se produisit en effet par la suite avec *Jean Calas, ou l'école des juges* [23], et avec *Fénelon, ou les religieuses de Cambrai* [24], deux ouvrages sans grand mérite littéraire.

D'ailleurs ces défauts n'étaient pas seulement le propre de Chénier, ils étaient également ceux du théâtre de la période révolutionnaire dans son ensemble : consacré le plus souvent à l'actualité, manquant du recul nécessaire pour juger les événements d'une

---

19. « O Louis XVI, roi plein de justice et de bonté ! Vous êtes digne d'être le chef des Français ; mais des méchants veulent toujours établir un mur de séparation entre votre peuple et vous » » (*ibid.*, p. 187.)
20. *Ibid.*, p. 189.
21. *Ibid.*, p. 156.
22. *Ibid.*
23. Drame en 5 actes, représenté pour la première fois le 6 juillet 1791 sur la scène du Théâtre de la rue de Richelieu (Théâtre dit de la République).
24. Représenté pour la première fois le 9 février 1793 au Théâtre de la rue de Richelieu

manière impartiale, il était voué à la propagande et à l'état de harangues reflétant les passions des auteurs [25].

Ainsi, à la veille du Consulat et de l'Empire, l'existence d'un théâtre national se trouvait amplement justifiée par rapport à la toute puissante tragédie classique. Ce théâtre avait ses précédents, tout comme ses définitions multiples. Avec la résurgence du patriotisme issu de la Révolution ainsi que l'abolition des interdits posés par l'Ancien Régime, il semblait désormais promis à un bel avenir et attendait de la nouvelle génération qu'elle lui donnât enfin ses lettres de noblesse.

---

25. Voir G.-B. Daniel, *op. cit.*, pp. 140-82.

PREMIERE PARTIE

LE THÉATRE NATIONAL
SOUS LE CONSULAT ET L'EMPIRE
(1800-1814)

CHAPITRE I

TRAITS GÉNÉRAUX

Dès les premières années du XIXe siècle se manifeste pour l'histoire un intérêt sans précédent. A cela, plusieurs raisons. D'abord des raisons politiques et sociales : au lendemain de cette grande épopée nationale qu'avait été la Révolution, à la veille d'une autre épopée non moins grandiose, l'aventure napoléonienne, le pays se trouve en pleine effervescence historique, à une époque de changements inouïs. Les liens de la France en tant que nation se trouvent renforcés par la centralisation administrative préconisée par le Directoire puis par le Consulat, en même temps que par la prise de conscience des Français de former désormais une confraternité. Dans cette nation en train de renaître et de s'unifier il semble donc naturel de commencer à attacher une importance toute nouvelle à un passé commun. Enfin les archives libérées par la révolution permettent de redécouvrir les vieilles chroniques et les témoignages historiques qui se révèlent une aubaine pour l'historien et l'érudit. Bref, l'histoire envahit tous les domaines de la littérature, du théâtre à la poésie [1]. Bientôt, elle envahira jusqu'au **roman**.

Dans cette histoire de France ainsi mise à l'honneur, certaines pages se trouvent incontestablement privilégiées. Sous le Consulat et l'Empire, c'est le Moyen Age qui est en vogue, vogue qui durera d'ailleurs par delà le Romantisme. Dès 1802, Chateaubriand le réhabilite comme sujet littéraire dans son *Génie du christianisme*

---

1. Pour le genre épique, on compte *La Caroléide* de d'Arlincourt, *La Mérovéide*, *Les Ages Français*, *La Panhypocrisiade* de Lemercier, *L'Austerlide*, *La Franciade* de Jean Viennet ; pour le genre héroï-comique, *La Philippide* du même Viennet ; pour la poésie nationale, les poèmes de Millevoye, de d'Avrigny, de Lebrun, Parceval de Grandmaison et Tardieu Saint-Marcel. A ce sujet. voir Gustave Merlet, *Tableau de la littérature française*, 1800-1815 (Paris : Didier, 1878), I.

dont l'influence sur la nouvelle génération sera énorme : « L'établissement des Francs dans les Gaules, Charlemagne, les Croisades, la chevalerie, une bataille de Bouvines [...] sont au moins des époques mémorables, des mœurs singulières, des événements fameux, des catastrophes tragiques » [2]. On a vu que les dramaturges nationaux du XVIIIᵉ siècle avaient commencé à y puiser. Désormais, la veine semble intarissable. On s'engoue pour tout ce qui est chevalerie, gothique, archéologie du Moyen Age. A la suite de Chateaubriand, un historien, Joseph Michaud, contribue à sa réhabilitation. Son *Histoire des croisades,* publié en 7 volumes à partir de 1813, et qui marque les débuts de l'histoire en tant que science, attribue à ces expéditions une influence civilisatrice jusque là méconnue. Dès 1806, Marie-Joseph Chénier donne à l'Athénée un cours sur les Fabliaux et les Romans de chevalerie de Louis VII à François Iᵉʳ ainsi qu'une leçon sur les historiens français depuis les débuts de la monarchie jusqu'au règne de Louis XII, tandis que François Raynouard, philologue et auteur dramatique, publie en 1813 des travaux de pure érudition sur la poésie des troubadours et des études sur les Templiers.

Au théâtre, c'est alors l'éclosion de toute une série de pièces qui puisent leur sujet dans le Moyen Age, et dès 1804 un article du *Mercure* oriente dans ce sens l'inspiration des jeunes poètes nationaux :

> Est-ce qu'on n'a point vu chez nous comme chez les Grecs, des familles royales dévouées aux Furies offrir aux contemporains muets de terreur des morts suspects, et des successions ensanglantées ? Que manque-t-il donc à nos héros tragiques ? Les noms de Frédégonde, de Clotaire, de Mérovée, de Clovis et de Clodomir ne sont-ils pas aussi beaux que ceux d'Etéocle, de Polynice, d'Atrée, et de Thyeste ? Les règnes de Chilpéric et de Brunehaut ne valent-ils pas ceux d'Agamemnon et de Clytemnestre ? [3]

Les essais ne se font pas attendre : après le *Guillaume le conquérant* d'Alexandre Duval, ce sont *Les Templiers* de Raynouard, la *Brunehaut* d'Etienne Aignan et l'ensemble des tragédies nationales de Népomucène Lemercier, *Charlemagne, Clovis, Louis IX en Egypte Baudoin empereur,* puis *La Démence de Charles VI* et *Frédégonde et Brunehaut.*

A côté du Moyen Age, on puise aussi dans le XVIᵉ siècle, en particulier dans les dernières années de la dynastie des Valois.

---

2. François-René de Châteaubriand, *Le Génie du christianisme* (Paris : Garnier frères, 1926), II, 39-40.
3. Voir Gustave Merlet, *op. cit.,* I, 248.

Et si l'on aborde timidement le règne de Henri IV, on n'ose guère s'aventurer plus avant dans la dynastie des Bourbons [4] : l'histoire trop récente, qui risque d'éveiller les passions, se révèle un terrain fort dangereux. Il faudra attendre la Restauration pour voir le XVIe siècle mis véritablement à l'honneur au théâtre.

Dans cette prédilection manifeste pour les époques lointaines de l'histoire de France, on peut donc discerner des raisons censoriales. Et Julien Geoffroy, le célèbre et redoutable rédacteur du *Journal de l'Empire*, ne disait-il pas, dans un feuilleton en date du 12 juin 1806, traduisant par là la volonté du maître :

> Les poètes dramatiques, qui veulent puiser dans l'histoire, ne sauraient s'enfoncer trop avant dans les siècles que le tems a rendus plus vénérables. Toutes les inconvenances et bienséances théâtrales semblent leur interdire les personnages trop récens, dont le public s'est déjà formé une idée que le poète ne peut plus démentir, et qu'il a bien de la peine à soutenir : cette loi, générale pour tous les auteurs dramatiques, regarde encore plus particulièrement les auteurs tragiques [5].

En insinuant que l'histoire lointaine laisse davantage de liberté poétique à l'auteur, Geoffroy se garde bien de révéler les véritables mérites de l'histoire du Moyen Age aux yeux de la censure impériale : contrairement à l'histoire plus récente des Bourbons, et de la Révolution, celle-ci, en effet, risque moins d'engendrer des passions politiques dangereuses pour le régime. Mais dans un autre feuilleton daté de la même époque, moins circonspect, il se fait ouvertement le porte-parole de la censure en incriminant Gabriel Legouvé pour avoir porté au théâtre la mort de Henri IV : « Comment a-t-il osé, sans guide, s'élancer dans notre histoire, et mettre sur la scène un événement si voisin de nous, un événement odieux, atroce, que la France voudrait oublier avec les sanglantes discordes dont il fut la suite » [6].

La censure, qui avait été officiellement supprimée par l'Assemblée Législative en 1791, s'était vue rétablir en pratique sous la Convention et sous le Directoire. Après le Consulat et l'Empire, elle devient une véritable machine à rouages. « Le décret du 8 juin 1806 consacra officiellement l'existence de la censure dramatique, en

---

4. Deux exceptions : le *Richelieu* de Lemercier qui fut d'ailleurs censuré et publié seulement en 1828, et le *Montmorenci* de Carrion-Nisas, courtisan de Bonaparte, qui fut représenté le 12 Prairial de l'an VIII (31 mai 1800).
5. *Cours de littérature dramatique ou recueil par ordre de matières des feuilletons de Geoffroy* (Paris : Pierre Blanchard, 1825), IV, 300.
6. *Ibid.*, p. 154.

édictant dans son article 4 qu'aucune pièce ne pourrait être jouée sans l'autorisation du ministre de la police générale » [7]. En fait, dès le 28 Brumaire, c'est-à-dire dix jours seulement après le coup d'état de Bonaparte, elle commençait à fonctionner, et Fouché, ministre de la police, adressait la circulaire suivante aux directeurs de théâtre :

> Dans la succession des partis qui se sont tour à tour disputé le pouvoir, le théâtre a souvent retenti d'injures gratuites pour les vaincus et de lâches flatteries pour les vainqueurs. Le gouvernement actuel abjure et dédaigne les ressources des factions ; il ne veut rien par elles et fera tout pour la République. Que tous les français se rallient à cette volonté et que les théâtres en secondent l'influence ; que les sentiments de concorde, que les maximes de modération et de sagesse, que le langage des passions grandes et généreuses soient seuls consacrés sur la scène ; que rien de ce qui peut diviser les esprits, alimenter les haines, prolonger les souvenirs douloureux n'y soient tolérés ; il est temps enfin qu'il n'y ait plus que des Français dans la République française. Que celui-là soit flétri qui voudrait provoquer une réaction et oserait en donner le signal ! [8].

Par ailleurs, les directeurs de théâtre étaient tenus de soumettre leur répertoire trimestriel au ministère de l'Intérieur pour l'approbation du gouvernement [9]. La carrière dramatique était donc semée d'écueils pour les auteurs nationaux car la mise en scène de l'histoire de France menait inévitablement à la politique ; volontairement, si l'auteur décidait de masquer ses intentions sous les couleurs de l'histoire lointaine et établissait un parallèle plus ou moins caché entre son sujet et l'actualité, comme Chénier l'avait fait avec son *Charles IX* ; involontairement, si, en dépit des résolutions de l'auteur de se conformer aux règles imposées par le régime, le public prêtait à la pièce des vues politiques qui n'y avaient pas été intentionnellement mises et identifiait le dramaturge à tel ou tel parti. Dans le climat de suspicion créé par le nouveau gouvernement, les œuvres les plus inoffensives étaient susceptibles d'inquiéter la censure. C'est ce qui se produisit avec le *Guillaume le conquérant* d'Alexandre Duval, pièce sur laquelle nous aurons l'occasion de revenir, et qui était en fait destinée à s'assurer les bonnes grâces du Premier Consul à l'occasion de son projet de débarquement en Angleterre. Tout parallèle avec l'Ancien Régime

---

7. Henri Welschinger, *La Censure sous le 1er Empire* (Paris : Charavay frères, 1882), p. 211.
8. Cité par Welschinger, p. 215.
9. *Ibid.*, p. 211.

était intolérable à Napoléon qui prétendait fonder une nouvelle dynastie sur les ruines de l'ancienne. Certains sujets nationaux, propres à réveiller la discorde entre partisans de la monarchie et partisans de l'Empire, étaient donc frappés d'interdit. Ainsi Henri IV, fondateur de la dynastie des Bourbons tant redoutée de « l'usurpateur », se révélait un sujet particulièrement dangereux car il risquait de devenir un signe de ralliement pour les royalistes et les mécontents. C'est pourquoi l'Empereur, qui maintenait sa vigilance jusque dans ses campagnes militaires, écrivait de Milan à Fouché le 1er juin 1805 : « Je lis dans un journal qu'on veut jouer une tragédie de Henri IV. Cette époque n'est pas assez éloignée pour ne point réveiller les passions. La scène a besoin d'un peu d'antiquité, et, sans trop porter de gêne sur le théâtre, je pense que vous devez empêcher cela, sans faire paraître votre intervenvention » [10]. La pièce en question fut immédiatement retirée de l'affiche. Pour la même raison, Gabriel Legouvé eut toutes les peines du monde à faire accepter sa *Mort de Henri IV*. Il n'obtint gain de cause qu'après avoir sollicité, en dernier recours, une audience privée de Napoléon, qui, manifestement dans un de ses bons jours, lui accorda son laisser-passer à condition toutefois de supprimer certains passages jugés impropres. En général, et assez paradoxalement, tout ce qu'on pouvait considérer comme une offense à la majesté des personnages royaux ou princiers représentés était irrémédiablement banni de la scène. C'est que Napoléon assimilait sa cour à l'ancienne.

> Des scrupules de haute bienséance ne permirent pas [...] que des personnes royales fussent compromises en des aventures tragiques et comiques dont l'impression eût été pénible pour le patriotisme d'une nation, ou offensante pour la majesté des couronnes. Un jour, par exemple, Napoléon interdit un drame qui représentait le règne de Charles VI. Une autre fois, il fit remanier une pièce dans laquelle François 1er ne figurait point à son avantage [...] [11] Bien d'autres faits analogues prouvent combien le tact, la prudence ou l'adresse durent être alors nécessaires aux poètes qui cherchaient fortune en dehors de Rome ou d'Athènes [12].

Quant à la comédie nationale, qui provoque le rire aux dépens des grands noms de l'histoire de France, elle était nécessairement

---

10. *Ibid.*, pp. 228-29.
11. De même, *Les Etats de Blois* de Raynouard furent interdits pour la raison suivante : Napoléon allégua que le personnage du duc de Guise, prince de la maison d'Autriche et par là « parent de l'Impératrice, » y faisait figure de Figaro. (Cf. chapitre sur Raynouard, p. 54).
12. Gustave Merlet, *op. cit.*, I, 247-48.

vouée à la faillite sous un tel régime. Comme coup d'essai en ce domaine on ne compte guère que le *Richelieu, ou la journée des dupes* de Népomucène Lemercier, opposant notoire de l'Empire. La pièce fut bien sûr interdite, encore n'y rit-on qu'aux dépens des partisans de Marie de Médicis. Il faudra attendre le régime censorial plus souple de la Restauration pour voir se développer le genre avec Roederer.

Restaient la tragédie et le drame nationaux, mais dans un climat aussi défavorable ils devaient naturellement péricliter. Et parmi les pièces à succès de l'Empire citées par Henri Welschinger dans son ouvrage [13], on ne voit que les *Templiers* de Raynouard et la *Mort de Henri IV* de Legouvé qui appartiennent à cette catégorie. Quant aux tragédies nationales de Lemercier, principal promoteur du genre de 1800 à 1815, elles devront attendre le retour des Bourbons pour voir le jour de la scène.

C'était condamner la France pour quinze ans à une fade littérature d'adulation et de glorification du régime. En effet, dans de telles conditions, toute pièce qui se saisissait des événements retentissants de l'actualité dans l'intention de les glorifier avait la partie belle. L'Empire fut riche en hauts faits et, conséquemment, on voit fleurir toute une littérature de circonstance de 1800 à 1815. Parmi ces pièces, certaines sont de véritables pièces nationales mettant en scène l'Empereur et les personnages célèbres du temps, telle *La Journée d'Austerlitz* de De Charbonnières, drame historique en date de 1806, l'année qui suivit la bataille. D'autres, au contraire, se servent de ces événements uniquement comme décor et comme atmosphère tandis que les protagonistes de l'intrigue demeurent des personnages fictifs. Dans cette dernière catégorie, qui sort du sujet de la présente thèse, on peut ranger la plupart des vaudevilles, impromptus, mélodrames et divertissements qui prolifèrent sous le Consulat et l'Empire [14].

---

13. *Op. cit.*, p. 254.
14. Cf. L. Henry Lecomte, *Napoléon et l'Empire racontés par le théâtre* (Paris : Librairie Jules Raux, 1900).

CHAPITRE II

LES PIÈCES DE CIRCONSTANCE
ET LE THÉÂTRE NATIONAL

La Révolution avait fait éclore une myriade de pièces nationales de circonstance écrites et représentées à courte échéance et traduisant les sentiments républicains du moment. Avec l'arrivée de Bonaparte sur la scène politique se poursuit cette tradition qui puise son inspiration dans les événements retentissants de l'actualité. Ainsi, à l'occasion de 18 Brumaire, on ne compte pas moins de six impromptus et divertissements célébrant la chute du Directoire et le coup d'état de celui qui s'instituait Premier Consul [1]. A partir de 1800 on voit se multiplier ces vaudevilles qui se saisissent des circonstances pour mettre en scène, dans un cadre de l'actualité historique, quelque amour fictif, généralement contrarié comme le veut la tradition moliéresque. On commémore de cette manière la bataille de Marengo qui rend l'Italie à la France, l'armistice avec l'Autriche, puis le traité d'Amiens qui conclut la paix avec l'Angleterre. De 1800 à 1802 on relève ainsi une quarantaine de pièces célébrant la paix [2], ce qui semble bien exprimer les vœux les plus chers de la nation. Malheureusement les hostilités reprennent bientôt avec l'Angleterre qui prétend garder Malte qu'elle avait pourtant promis d'évacuer. Bonaparte étudie alors un projet de descente pour venir à bout de la « perfide Albion ». Il fait dans ce but un voyage sur les côtes de la Manche et de la Belgique accompagné de

---

1. Cf. Théodore Muret, *L'Histoire par le Théâtre* (Paris : Amyot, 1865), I, 184-85. Voici quelques titres : *Les Mariniers de Saint-Cloud*, impromptu de Sewrin joué à l'Opéra Comique National le 22 Brumaire de l'an VIII (13 nov. 1899) ; *La Girouette de Saint-Cloud* de Barré, Radet, Desfontaines, Bourgueil et Dupaty, impromptu donné au Vaudeville le 23 Brumaire ; et *La Pêche aux Jacobins*, anonyme, donné à l'Ambigu le 25 Brumaire.
2. Cf. L.H. Lecomte, *op. cit.*, pp. 50-100.

Joséphine. Deux pièces qui paraissent à cette époque sont des allusions transparentes à ce projet politique. Le même sujet national, Guillaume de Normandie et la conquête de l'Angleterre, établit judicieusement dans les deux cas un parallèle entre l'histoire lointaine et les événements de l'actualité. La première pièce, *La Tapisserie de la reine Mathilde*, représentée au Vaudeville le 23 Nivôse de l'an XII (14 janvier 1804), est une comédie en un acte de Barré, Radet et Desfontaines, un trio de collaborateurs qui manifestera à plusieurs reprises sa complaisance envers le régime. Œuvre d'adulation mettant en scène des faits mélodramatiques mêlés de vaudeville, elle n'a tout au plus qu'une valeur d'à-propos

La seconde est plus digne d'intérêt. *Guillaume le conquérant*, drame en prose d'Alexandre Duval, est une pièce de commande qui paraît le 14 Pluviôse de la même année (4 février) au Théâtre-Français. Dans une notice, Duval nous donne les circonstances de sa genèse : son frère, Amaury Duval, chef de bureau des Beaux-Arts, était chargé de recruter des auteurs dramatiques susceptibles d'enthousiasmer l'opinion publique pour le projet de débarquement du premier consul. Il s'agissait de produire des pièces patriotiques qui dénonceraient la perfidie des Anglais. Or, la tâche n'était pas facile car l'opinion publique, nous l'avons vu, ne désirait rien tant que la paix. De son côté, Alexandre Duval qui avait déjà eu des déboires avec la censure consulaire à l'occasion d'une première pièce [3] et avait dû s'exiler un temps en Russie pour laisser passer la colère du Premier Consul, ne se sentait pas le cœur à célébrer un régime qui l'avait disgracié. Son frère, pourtant, sut le faire changer d'avis : « Il me représenta que si je ne donnais pas cette preuve de patriotisme, le public m'en saurait mauvais gré ; que, de plus, je n'avais rien à démêler avec le premier consul ; qu'il ne s'agissait pas de faire son panégyrique, mais d'appeler contre les Anglais le courage de toute la nation. Je cédai à ses raisons, et je résolus de remplir le devoir d'un patriote » [4]. Comme Barré, Radet et Desfontaines, il trouva son sujet en allant contempler la tapisserie de la reine Mathilde que l'on venait, fort à propos, d'exposer au Muséum et qui représentait la descente en Angleterre du héros normand. Ce haut fait de l'histoire lointaine lui parut à la fois dramatique et pertinent, et il se mit immédiatement à l'œuvre, donnant en dix jours et dix nuits son *Guillaume* qui, en tant que pièce de commande, n'eut aucune peine à être approuvée du ministre.

---

3. Il s'agit d'*Edouard en Ecosse*, pièce représentée pour la première fois le 18 février 1802, dans laquelle les royalistes crurent voir des allusions favorables à leur parti et à laquelle ils firent un succès, inquiétant par là la censure.
4. Alexandre Duval, *Œuvres complètes* (Paris : J.N. Barba, 1882), V, 22.

Ce drame en prose, quoique représenté au Théâtre-Français, bastion du classicisme. trahissait plusieurs innovations hardies, comme le rejet des unités de temps et de lieu, le mélange des genres, la facture sur le modèle des pièces de Shakespeare et de Schiller, et la mise en scène de toutes les classes de la société, outre les rois et princes exigés par le sujet. De telles hardiesses contribuaient à faire de Duval, après Sébastien Mercier, le créateur du drame historique national qui devait avoir son âge d'or avec l'avènement du romantisme.

L'intrigue historique de la pièce se mêle à une intrigue amoureuse fictive destinée à soutenir l'intérêt du spectateur : Guillaume, duc de Normandie, s'apprête à recevoir la couronne d'Angleterre de par le testament du feu roi Edouard. Son épouse, Mathilde, et sa fille, Elgive, s'embarquent avant lui pour l'Angleterre où Elgive doit épouser le comte Harold afin de consacrer la paix avec les Saxons. Or, Guillaume apprend bientôt qu'Harold convoite pour lui-même le trône, malgré son serment de fidélité en tant que vassal. Il lève une armée et part défendre ses droits et sa famille, retenue comme otage. Cependant, Harold reçoit la couronne et s'apprête à épouser Elgive désespérée de ce mariage avec un traître. Pourtant le comte anglais Edwin veille : envoyé de Guillaume et amoureux d'Elgive, il feint de servir les intérêts d'Harold pour mieux sauver celle qu'il aime. Entre temps, Guillaume débarque sur les côtes d'Angleterre. Gita, mère d'Harold et son âme damnée, lui envoie un ultimatum : s'il persiste à maintenir ses prétentions vis-à-vis du trône anglais, Mathilde et Elvige seront exécutées. Guillaume, en proie à un dilemne cornélien, finit par se rendre aux raisons de l'honneur. Les deux armées s'affrontent à Hastings où Harold trouve la mort, tandis qu'Edwin, qui s'est rendu maître du château, arrache Mathilde et Elgive à leur supplice. Guillaume, désormais seul prétendant à la couronne, donne sa fille en mariage au fidèle Edwin.

Le fond historique de la pièce, la guerre entre les deux prétendants au trône d'Angleterre, établit un parallèle avec les événements de 1804 provoqués par le refus de Pitt d'évacuer Malte. Duval, pour souligner le rapprochement, invente le parjure d'Harold, traître à son serment de fidélité comme Pitt avait été traître à ses promesses d'Amiens. Il s'agit donc, de part et d'autre, d'une guerre pour venger l'honneur, guerre dans laquelle le droit se trouve sans contestation du côté français. Tel est le message patriotique de la pièce.

Pour ce qui est de ses mérites littéraires, on ne peut que regretter la prose, médiocre, qui n'élève pas l'œuvre au rang de drame. On songe plutôt à un mélodrame, malgré l'intention louable de naturel et de simplicité dans le langage conformément à l'époque et aux caractères représentés, que l'on trouve manifestée dans le prologue [5]. Par ailleurs, l'imitation des pièces anglaises et allemandes annoncée dans ce prologue [6] se traduit par un défi lancé aux bienséances classiques : la scène devient le théâtre de la bataille, les troupes de Guillaume la traversent de part en part, celle d'Harold s'y replient, et le chef saxon, percé d'une flèche y agonise ; le merveilleux fantastique, caractéristique de la manière de Shakespeare, s'y manifeste : le fantôme d'Edouard apparaît à Harold pour lui prédire sa fin, « Tremble parjure ! les plaines d'Hastings t'attendent » [7] ! et une comète, signe de malédiction, se lève à l'heure de son couronnement ; quant au personnage de Gita, mère d'Harold, il rappelle, par son caractère démoniaque, celui de Lady Macbeth [8].

Malgré les hautes espérances des acteurs de faire bonne recette, cette forme nouvelle du drame historique en prose et contre les unités, ainsi que les longueurs de l'intrigue, compromettaient la pièce auprès du public des loges. Mais ce fut finalement un événement imprévu qui la fit tomber. Duval nous en donne la version suivante :

> ... L'ensemble de l'ouvrage ne satisfit point les plats courtisans du nouveau maître. Ceux qui étaient dans le secret du consul, voulaient en commandant des pièces de ce genre, bien moins réchauffer le patriotisme des Français, que présenter au peuple les grandes qualités d'un chef dont ils se disposaient à faire un empereur. Mon drame, conforme à l'histoire, loin d'offrir des allusions à Bonaparte, ne représentait que l'audace et la gloire de Guillaume [...]. A peine avais-je terminé, à la répétition du lendemain, les coupures, qui sont toujours indiquées par le parterre, que plusieurs personnes vinrent me faire part de la colère du Premier Consul. Il n'avait point assisté à la représentation, mais ses flatteurs, pour lui faire mieux leur cour, m'avaient représenté comme son ennemi personnel ; ils avaient cité différents passages de ma pièce, et entre autres ma chanson de Roland, laquelle avait excité l'enthousiasme. Ils prétendaient que le couplet où je peins sa mort à la bataille de Roncevaux, n'était qu'un moyen d'annoncer aux Français que Bonaparte succomberait dans son expédition. Hélas ! ce qu'on m'annonçait n'était que trop vrai : l'ordre qui défendait ma pièce arriva le soir même [9].

---

5. *Ibid.*, p. 39.
6. *Ibid.*, pp. 39-40.
7. Acte IV, sc. 5.
8. Cf. Acte IV, sc. 5.
9. A. Duval, *op. cit.*, pp. 23-25.

Voici le couplet incriminé par les courtisans du premier consul :

Mais j'entends le bruit de son cor
Qui résonne au loin dans la plaine...
Eh quoi ! Roland combat encore ?
Il combat !... O terreur soudaine.
J'ai vu tomber ce fier vainqueur ;
Le sang a baigné son armure :
Mais, toujours fidèle à l'honneur,
Il dit en montrant sa blessure :
Soldats français !... chantez Roland,
Son destin est digne d'envie :
Heureux qui peut, en combattant,
Vaincre et mourir pour sa patrie ! [10].

On voit qu'il n'était guère aisé d'être alors auteur dramatique, ni même auteur de pièces de circonstances, et que tout se situait dans un contexte politique. Il suffisait de quelques interprétations malveillantes pour faire de cette chanson de combat entonnée par Guillaume et ses troupes avant la bataille, chanson en elle-même insignifiante, une attaque personnelle contre Bonaparte, et provoquer par là le retrait immédiat de la pièce. Il est vrai que Duval, contrairement à la plupart des écrivains en quête des récompenses impériales, n'avait pas eu l'intention de faire le panégyrique du maître. Alors que Barré, Radet et Desfontaines établissaient dans leur *Tapisserie de la reine Mathilde* un parallèle glorieux entre Guillaume et Bonaparte, il s'était borné à faire une œuvre patriotique n'établissant de parallèle qu'entre la situation passée et présente des deux pays. Quoiqu'en dise Duval dans sa notice, *Guillaume* était pourtant une preuve de bonne volonté à l'égard du régime. Cette preuve fut mal interprétée, et il fallut l'intervention personnelle de Joséphine pour apaiser l'affaire et prévenir la disgrâce complète de l'auteur. Duval délaissa alors le drame national, trop aléatoire, pour le drame de mœurs qui lui fut plus bénéfique.

Le couronnement de Napoléon, proclamé empereur par le Sénat le 18 mai 1804 et sacré en grande pompe à Notre-Dame le 2 décembre, n'eut aucune répercussion sur le théâtre national. Le *Charlemagne* de Népomucène Lemercier, écrit à cette époque, ne peut en effet passer pour une pièce de circonstance.

Bonaparte, ayant appris que Lemercier travaillait à un sujet propice à ses vues, lui avait fait demander d'introduire dans sa pièce une scène de députation par laquelle le peuple romain et le

---

10. Acte III, sc. 7.

pape prieraient Charlemagne d'accepter la couronne de l'empire d'Occident. On voit qu'il s'agissait par là de préparer l'opinion publique à l'acte du Sénat du 18 mai. Mais Lemercier, qui avait avant tout des prétentions littéraires, ne voulut jamais consentir à faire de son œuvre un morceau de propagande politique. Il eut l'occasion de s'en repentir, car ce refus fut à l'origine de sa brouille avec Bonaparte et lui attira les persécutions du régime.

Par contre, la bataille d'Ulm et surtout la bataille d'Austerlitz donnèrent lieu à des tableaux historiques commémorant la lutte contre les puissances continentales de la coalition. *Une Nuit d'Ulm*, tableau historique en un acte de Lesage [11], raconte la reddition du général autrichien Mack. Il est intéressant de noter que dans cette pièce « n'osant prêter son style à l'empereur, l'auteur lui a mis dans la bouche le texte même de ses proclamations à l'armée » [12]. *La Journée d'Austerlitz, ou la Bataille des trois Empereurs*, drame historique en vers par De Charbonnières [13], tient du document vécu, du fait que l'auteur était ancien officier de cavalerie de la garde d'honneur de l'Empereur. A côté des nombreux vaudevilles qui s'inspirent de la fameuse victoire, et sortent plus ou moins du sujet historique, nous avons là une véritable pièce nationale. Il s'agit en effet d'une reconstitution et non d'une dramatisation de l'histoire.

> Plein d'enthousiasme pour son sujet, commente Henry Lecomte, l'auteur s'est bien gardé de le défigurer par l'addition de scènes fantaisistes ; les faits y parlent seuls, dans la majesté simple de l'histoire. Au premier acte, les préparatifs du combat, la feinte retraite des nôtres expliquée, la visite d'Olgorouki offrant la paix à des conditions inacceptables, Napoléon enfin, après la distribution des rôles à chacun des maréchaux, haranguant les troupes qui lui promettent pour l'anniversaire de son couronnement la plus belle des fêtes. Au deuxième acte, après la victoire, la joie des soldats et les remerciements du chef, l'empereur François venant demander la paix au vainqueur, le message de Walhubert mourant, et l'adoption par Napoléon de tous les orphelins faits par la guerre. Tout cela présenté dans un style élevé parfois, limpide toujours, digne des personnages et du louable but visé par le poète [14].

---

11. Pièce citée par Henry Lecomte dans son ouvrage (p. 123) et qui devait être représentée à Chartres en décembre 1805 mais fut interdite à la veille de la première représentation pour des raisons obscures.
12. *Ibid.*, p. 123.
13. Pièce non représentée, publiée à Paris, 1806.
14. *Ibid.*, p. 132.

Dans *La Bataille d'Austerlitz*, poème dramatique en trois actes de Raymond [15], c'est encore Napoléon qui tient le rôle principal bien que la fiction, en la personne de Dolban, officier de la garde impériale, se mêle quelque peu à la réalité. On peut toutefois qualifier la pièce de « nationale » en ce que, malgré la part accordée aux exploits fictifs de Dolban, Napoléon et Berthier y jouent un rôle prépondérant.

La paix de Presbourg avait réconcilié Napoléon et l'empereur d'Autriche, mais bientôt, sous l'égide de la Russie, se forma une deuxième coalition qui comprenait la Suède, la Prusse et l'Angleterre. Les jalons de cette campagne, les victoires d'Iéna et d'Auerstedt remportées sur la Prusse, d'Eylau et de Friedland sur la Russie menèrent à une paix provisoire et au traité de Tilsitt. Ces exploits qui consacraient le génie militaire de l'Empereur, furent autant d'aubaines pour les auteurs de vaudevilles et de divertissements. Quant aux pièces nationales, elles se trouvent éclipsées à cette époque par les productions néo-classiques qui célèbrent ces victoires, en prenant leurs symboles dans la mythologie antique [16].

La guerre d'Espagne inspira une tragédie. Après une série de désastres essuyés par ses lieutenants, l'Empereur avait décidé de se mettre lui-même à la tête de ses troupes pour redresser la situation. *Le Siège de Pavie, ou la gloire de Charlemagne* de Marie Jacques Armand Boïeldieu [17] transpose cet épisode militaire dans l'histoire du moyen âge. La pièce s'intitule « pièce nationale, » mais la fiction s'y mêle librement à l'histoire. L'époque choisie laissait à l'auteur une certaine licence poétique et, dans la transposition Charlemagne-Napoléon, il s'agissait avant tout de glorifier les exploits et la magnanimité de l'un à travers l'autre. Le parallèle entre le passé et les circonstances de la guerre d'Espagne est évident : en l'absence de son chef, l'armée de Charlemagne a éprouvé une défaite devant Pavie. Mais Charlemagne, bientôt de retour, remporte la ville d'assaut. Après diverses intrigues qui le mettent aux prises avec la perfide Irène, impératrice d'Orient, il rend noblement au roi des Saxons la Saxe qu'il avait conquise, et nomme vice-roi le chef des Lombards « Œuvre de drame obscure et de médiocre style, dit Lecomte, c'est Napoléon qui posa pour le portrait de Charlemagne, et l'auteur n'a pas caché son projet d'allusion dans les réflexions préliminaires sur sa tragédie » [18].

---

15. Riom, 1806, cité par Lecomte, p. 133.
16. Cf. Lecomte, pp. 167-68.
17. Paris, 1808.
18. *Op. cit.*, p. 183.

Le mariage de Napoléon et de l'archiduchesse Marie-Louise, le 1er avril 1810, offrait un thème en or aux auteurs de pièces de circonstance. La plupart des productions qui en résultèrent furent des tableaux allégoriques et des fêtes-pantomines prenant leurs comparaisons dans la mythologie gréco-romaine. On relève pourtant deux pièces nationales commémorant cette occasion. Dans la première, *La Fête de Meudon*, divertissement en un acte mêlé de vaudevilles d'Emmanuel Dupaty [19], l'intention historique et l'allusion au mariage impérial sont assez fortes, malgré la part accordée au vaudeville, pour qu'on lui concède le titre de « pièce nationale » : Marguerite, reine de Navarre et sœur de François 1er, se prépare à recevoir de façon royale son frère et la jeune princesse allemande que Charles Quint lui accorde en mariage. Marot, Ronsard et Rabelais sont de la fête et doivent composer en leur honneur des vers auxquels Marguerite contribuera, tandis que le chevalier Bayard suggère une chasse aux flambeaux. La réunion de tels personnages historiques est invraisemblable, mais il s'agit, ne l'oublions pas, d'un « divertissement ». L'allusion, en tout cas, est claire, et vise à célébrer l'union de la France et de la Maison d'Autriche. Quant au *Mariage de Charlemagne*, tableau historique en vers et en un acte de Rougemont qui fut joué à l'Odéon le 14 juin 1810, son succès fut également dû à son à-propos. Rougemont reprenait la comparaison, désormais de rigueur, entre Charlemagne et Napoléon et mettait en scène une intrigue digne de Marivaux : Charlemagne, afin de mieux connaître la jeune princesse qui lui est destinée en mariage, se fait passer auprès d'elle pour l'envoyé de l'empereur. Charmé de ce qu'il voit, il finit par se faire connaître, et l'union est célébrée au milieu de l'enthousiasme général.

A partir de 1812 c'est le déclin de l'Empire. La campagne de Russie et les désastres qui s'ensuivirent n'étaient pas faits pour inspirer les poètes nationaux, et encore moins les faiseurs d'éloges. Avec la Campagne de France et les alliés aux frontières, on assiste à une vague de patriotisme favorable au théâtre national. Partout on s'empresse de mettre à l'affiche des pièces destinées à redonner courage à la nation devant l'envahisseur : le 3 février 1814 on donne *Le Maréchal de Villars, ou la bataille de Denain* au Cirque Olympique ; le 5 février aux Variétés, *Jeanne Hachette, ou le siège de Beauvais* ; le 7 février à l'Ambigu, *Philippe Auguste à Bouvines, ou la valeur française* ; le 9 février à la Gaîté, *Charles Martel, ou la France sauvée*, tandis que la Comédie-Française reprend *Le Siège de Calais* de Du Belloy [20].

---

19. Paris, 1810.
20. Cf. Lecomte, *op. cit.*, p. 262.

Enfin c'est la capitulation de Paris, l'abdication de l'Empereur à Fontainebleau et son départ pour l'île d'Elbe. Le retour des Bourbons suscite la sympathie générale du peuple, soulagé de voir un terme à tant de guerres. Ce revirement politique trouve son expression au théâtre avec des pièces qui, désormais, ne craignent plus de ridiculiser la personne de l'Empereur afin de plaire aux nouveaux maîtres. Il faudra attendre la mort de Napoléon et l'apparition du mythe napoléonien pour assister à un retour de sympathie vis-à-vis du personnage. L'équipée des Cents Jours ne laissa pas même de traces au théâtre, car les auteurs, prudents, restaient sur leurs gardes, n'osant se commettre avant l'issue de l'aventure.

Par ses largesses, Napoléon se flattait d'engendrer une littérature pour le moins digne du Grand Siècle. En raison d'une censure trop sévère et du manque général de talents, il ne sut s'attirer que des courtisans en quête des récompenses impériales. L'Empire vit ainsi fleurir une littérature de circonstance médiocre qui se contentait d'aduler un régime qu'elle ne pouvait attaquer. Pendant cette période, seul le *Guillaume* de Duval est digne d'attention. Les autres pièces n'ont guère qu'une valeur d'à-propos, et pour cette raison il serait impensable de les reprendre de nos jours au théâtre.

CHAPITRE III

LA TRAGÉDIE NATIONALE
SOUS LE CONSULAT ET L'EMPIRE

En dépit d'une censure si peu favorable à l'éclosion d'un théâtre historique national, on voit se continuer l'effort systématique entrepris au XVIIIᵉ siècle qui tentait de renouveler la matière tragique à l'aide de l'histoire de France. De 1800 à 1815 les sujets nationaux le disputent en effet aux sujets classiques, et parmi les grands succès de l'époque on compte deux tragédies nationales, *Les Templiers* de Raynouard et *La Mort de Henri IV* de Legouvé, face à l'*Omasis* de Baour-Lormian, à l'*Artaxerce* d'Etienne Delrieu et à l'*Hector* de Luce de Lancival, ce qui est indicatif à la fois d'une orientation de l'inspiration poétique et du goût général du public. Au *Journal de l'Empire*, Geoffroy lui-même, malgré ses penchants classiques, va jusqu'à admettre que la matière tragique fournie par l'Histoire de France, n'est en rien inférieure à celle de l'histoire antique : « La famille de Clovis n'a pas été moins féconde en événements tragiques que la famille d'Agamemnon ; les Frédégonde et les Brunehaut valent bien Clytemnestre »[1]. Il est évident, toutefois, que plus d'une restriction s'imposait aux poètes nationaux désireux de voir leurs pièces approuvées du ministère. En fait, nombre de ces pièces durent attendre la Restauration pour pouvoir être portées à la scène. Afin de s'assurer le laissez-passer de la censure, il fallait s'en tenir à son sujet sans chercher à établir un parallèle qui soit, de près ou de loin, défavorable au régime impérial. Et, contrairement aux pièces de circonstance, l'indépendance de l'auteur vis-à-vis de l'actualité en même temps qu'une impartialité totale vis-à-vis du sujet historique

---

1. *Op. cit.*, **IV**, 461.

traité étaient de rigueur. Le message ne pouvait être que patriotique et moral. En aucun cas il ne devait être politique. Les époques
reculées de l'histoire nationale étaient seules susceptibles de l'approbation des censeurs : il aurait été impensable, et dangereux, de
remettre sur la scène le drame si récent de la Révolution. Pourtant,
il faut remarquer que l'histoire la plus reculée n'était pas nécessairement un garant de sauf-conduit, comme le prouve l'exemple
de Lemercier dont l'œuvre nationale consacrée presque exclusivement à l'histoire moyen-âgeuse et même pré-moyen âgeuse ne
trouva jamais grâce aux yeux de la censure impériale. Il fallait donc
faire preuve de la plus grande circonspection et de la plus grande
impartialité dans le choix des sujets.

Pendant la période qui va de 1800 à 1815 on compte cinq auteurs dramatiques principaux dont quatre surent montrer assez
de tact et de complaisance envers le régime pour que fût acceptée
leur production nationale. Il s'agit de Carrion-Nisas avec *Montmorenci*, de Legouvé avec *la Mort d'Henri IV*, d'Aignan avec *Brunehaut, ou les successeurs de Clovis*, et de Raynouard avec une première pièce, *Les Templiers*. Une deuxième pièce de ce dernier,
Les Etats de Blois, eut moins de chance. Il est vrai qu'entre temps
l'auteur avait ostensiblement évolué dans le sens de l'opposition.
Quant à Lemercier, ce fut également son hostilité manifeste envers
l'Empire qui prévint la représentation de la quasi-totalité de sa
production dramatique. L'œuvre de Raynouard et celle de Lemercier, de par leur importance, sera étudiée en détail dans les cha-
pitres suivants.

Marie Henri François Elisabeth de Carrion-Nisas, camarade
de Bonaparte à l'école militaire de Brienne, était devenu un parti-
san ardent de son ancien condisciple et l'avait appuyé lors du 18
Brumaire. *Montmorenci* fut dédié à Lucien Bonaparte, alors ministre de l'Intérieur, et, dans la préface, Carrion-Nisas témoigne d'une
considération pour le moins obséquieuse quant à l'opinion du
Premier Consul sur la pièce :

> Il ne suffit pas [lui avait déclaré ce dernier quelques
> jours avant la première représentation] pour qu'un sujet
> soit propre à la tragédie, que de grands personnages
> éprouvent de grands malheurs, il faut encore que ces mal-
> heurs entraînent des révolutions d'état, et que beau-
> coup d'hommes souffrent des fautes et des infortunes du
> petit nombre d'hommes qui paraissent sur scène [...]
> Quand même Montmorenci seroit, par son rang personnel
> dans l'histoire, un héros digne de la tragédie, sa mort ou
> sa vie n'influant que très foiblement sur les destinées de

la France, sa catastrophe n'a point l'importance nécessaire
pour la scène tragique [2].

Telles étaient les vues dramatiques du futur empereur qui, on
le voit, concevait la tragédie uniquement comme politique et comme
étant avant tout à l'usage des rois. L'incompatibilité de ces vues
avec les interdits de la censure qu'il s'apprêtait à mettre en marche
le condamnait à ne pouvoir apprécier que les auteurs tragiques
des siècles passés dont il n'avait plus rien à craindre. Quant à
Carrion-Nisas, en bon courtisan, il s'empressa de corroborer la
vérité du jugement de Bonaparte tout en s'excusant du vice inhé-
rent au sujet de sa tragédie, à cet égard « radical et incurable » [3].
Mais ce sujet lui tenait à cœur pour des motifs personnels. Sa
famille, en effet, était entrée en possession de l'une des terres de
la veuve de Montmorenci, et c'est là qu'il passa sa première jeu-
nesse. Dans la dédicace il raconte comment l'histoire du duc se grava
dans sa mémoire d'enfant jusqu'au point de devenir une obsession
dont il se libéra par la création poétique :

> Un vieux curé nommé Janini, dernier reste d'une
> famille italienne qui s'était transplantée à la suite de la
> duchesse, m'entretenait très souvent de l'histoire de cette
> maison et particulièrement de la catastrophe du duc, dans
> un âge que l'on ne repaît guère que de contes absurdes
> ou frivoles. Frappé de l'accent passionné de ce bon prêtre
> et des larmes qu'il ne manquait jamais de répandre en me
> racontant toutes ces aventures et particulièrement la
> mort du duc, je m'accoutumai à les regarder comme les
> événements les plus considérables de l'histoire, et par
> conséquent comme très dignes sujets de tragédie [4].

La pièce est une tragédie d'intrigue plus que de caractère :
Montmorenci, coupable de trahison envers la couronne pour s'être
joint aux troupes rebelles de Gaston, frère du roi, est tombé aux
mains de Richelieu qui réclame un exemple. Cependant sa famille,
ses amis, et jusqu'à la reine Anne d'Autriche qui est éprise de lui,
s'efforcent d'obtenir la clémence du roi. Richelieu, qui entend faire
d'une pierre deux coups, consent à faire grâce à condition que son
prisonnier lui révèle les complices de Gaston. Mais Montmorenci,
pris de remords à la fois à l'idée de sa trahison envers la patrie
et de son amour coupable pour la reine, invoque la mort comme seul
terme possible à sa situation. Quand le roi, après mainte hésitation

---

2. Carrion-Nisas, *Montmorenci* (Paris : Duval, an XI [1803]), p. viii de la
dédicace à Lucien Bonaparte.
3. *Ibid.*, p. vii.
4. *Ibid.*, p. xiii, note 2.

se détermine enfin à faire grâce, il est déjà trop tard : devant une insurrection du peuple et de l'armée en faveur du condamné, le cardinal, dans un acte de défi, a fait jeter sa tête aux mutins, causant l'effroi général. « Tout tremble et se tait » [5], constate Richelieu avec satisfaction au dénouement.

La pièce fut représentée pour la première fois le 12 Prairial de l'an VIII. (31 mai 1800) au Théâtre-Français avec Talma dans le rôle du duc, Baptiste aîné dans celui de Richelieu et Damas dans celui de Louis XIII. Si l'on compare le récit qu'en fait Geoffroy dans son feuilleton du 2 juin [6] avec la version imprimée en 1803, on s'aperçoit de certains remaniements, effectués vraisemblablement à la suite des critiques de Geoffroy et de Lucien Bonaparte. Ainsi, pour ménager l'intérêt dramatique, Montmorenci, qui se trouvait condamné dès avant le lever du rideau, ne l'est plus désormais qu'au 4e acte. Tandis que la déclaration d'amour du cardinal à Anne d'Autriche, jugée malséante, disparaît, malgré la vérité historique invoquée par Carrion-Nisas. Dans l'original, en effet, le cardinal allait jusqu'à proposer à la reine la grâce de son amant à condition qu'elle accepte de l'épouser après la mort du roi. Cette étrange proposition était repoussée mais elle donnait à la pièce des accents mélodramatiques. Après remaniements, la rivalité amoureuse de Richelieu et de Montmorenci n'est plus qu'implicite. Enfin, le manuscrit ne prévoyait pas de confrontation entre les deux personanges principaux, l'auteur craignant que la personnalité de l'un ne pâlisse au profit de l'autre. Mais le public avait droit, pour le moins, à une telle confrontation et Carrion-Nisas dut s'exécuter. Elle a lieu à la scène 2 de l'acte IV. Richelieu y fait figure d'inquisiteur, et Montmorenci de grand seigneur martyr qui préfère mourir plutôt que de dévoiler ses complices :

> Qui, moi, Montmorenci, des grandeurs féodales
> Disperser avec vous les ruines fatales ! [7].

La pièce gagnait à ces remaniements qui prévoyaient une gradation de l'intérêt dramatique et approfondissaient l'étude psychologique des deux protagonistes principaux. Le portrait de Montmorenci qui en ressort est déjà celui du héros fatal cher aux romantiques. Chez lui, en particulier, l'idée d'expiation devient un leitmotiv. Le remords de sa double trahison envers sa patrie et envers son roi le pousse en effet à rechercher la mort, et en dépit des

---

5. Acte V, sc. 10.
6. *Op. cit.*, IV, 223.
7. Acte IV, sc. 2.

prières de ses parents et de ses amis, il se refuse à faire le geste qui, seul, peut le sauver :

> ... mon âme impatiente
> Aspire à l'échafaud comme on tend vers le port, [8]

déclare-t-il à la duchesse, sa femme, qui vient lui proposer la fuite. Et ses dernières paroles au roi prêt à lui offrir sa grâce sont : « J'ai failli, je mourrai » [9]. Comme ses futurs frères romantiques, Hernani, Ruy Blas, Antony, il se sent victime d'un destin inexorable :

> Un astre envenimé forma des nœuds impies
> Et déchaîna sur moi le crime et ses furies [10].

Tandis que l'obsèdent l'idée d'innocence et le besoin d'un renouveau total : Fuyons, déclare-t-il dans un élan soudain à la duchesse,

> Allons chercher la paix dans un autre univers,
> Dans ce monde qui sort des mains de la nature [...]
> Là mon cœur oubliera dans une paix profonde
> Les folles passions... [11].

Quant à Richelieu, ambitieux cruel à qui son ascendant sur le roi confère la toute-puissance, il annonce le bourreau, « l'homme rouge », de *Marion de Lorme*. Ici, pourtant, l'amoureux est esquissé à côté de l'homme politique, trait qu'Hugo ne reprendra pas, mais il s'agit d'un amour froid, qui ne se manifeste que par sa jalousie et par les tourments infligés à son objet. La peinture de l'homme d'état l'emporte définitivement sur celle de l'amoureux, comme l'indique la tirade suivante :

> J'étouffe le flambeau des guerres intestines ;
> Du pouvoir féodal j'ai coupé les racines...
> Ces mains font triompher l'autorité d'un maître
> Parmi tant de rivaux qui s'efforçaient de l'être,
> Qui divisés entr'eux, contre le trône unis,
> A l'envie déchiraient leur malheureux pays [12].

Cependant cette politique de persécution des grands seigneurs rebelles trouve ici sa source dans une rivalité amoureuse, et par manque de mobiles plus élevés, le personnage devient mesquin. Malgré tout, on peut regretter que *Montmorenci*, avec ses traits

---

8. Acte IV, sc. 3.
9. Acte IV, sc. 7.
10. Acte IV, sc. 7.
11. Acte IV, sc. 3.
12. Acte IV, sc. 2.

décidément pré-romantiques, ait été la seule contribution de Carrion-Nisas au théâtre national.

Une seconde tragédie tirée de l'histoire de France, *La Mort de Henri IV* de Gabriel Legouvé, fut représentée pour la première fois le 25 juin 1806 au Théâtre-Français avec Talma dans le rôle du roi, Mlle Duchesnois dans celui de Marie de Médicis, Lafon dans celui d'Epernon et Damas dans celui de Sully. Faite selon les règles classiques, en cinq actes et en vers, cette tragédie d'intrigue couvre les vingt-quatre heures qui précèdent l'assassinat de Henri IV au Louvre : Henri IV est à la veille d'une expédition militaire dans les Flandres destinée à rabattre la puissance de l'Espagne. Mais un complot s'est formé contre lui, qui compte, outre l'ambassadeur d'Espagne, le duc d'Epernon, homme de confiance de la reine. D'Epernon, ancien favori de Henri III, déteste ce représentant des Bourbons pour lui avoir préféré Sully et pour avoir condamné l'un de ses amis, le conspirateur Biron. A ces motifs personnels s'ajoutent des motifs d'ambition politique : avec la mort du roi, il espère pouvoir régner à travers Marie de Médicis. Pour parvenir à ses fins, il commence par éveiller les soupçons de la reine en lui faisant part d'un bruit qui court, bruit en réalité semé par l'Espagne qui se sent menacée, et selon lequel le roi n'entreprendrait l'expédition que dans le but d'enlever la jeune princesse de Condé emmenée à Bruxelles par un mari jaloux. Après avoir essayé en vain de dissuader le roi de son entreprise, la reine se laisse aller aux transports jaloux et aux reproches. Henri IV, dont l'intention est de lui laisser les affaires du royaume pendant son absence et même de la faire couronner pour combler ses vœux les plus chers, charge le fidèle Sully de les réconcilier. Mais d'Epernon veille, et pour raviver les soupçons de Marie de Médicis il lui remet une lettre sans adresse ni date qu'il fait passer pour une lettre récente du roi à la princesse de Condé. Or il s'agit d'une lettre de Henri IV écrite bien avant son mariage et promettant à la princesse, alors Mlle d'Entrague, de l'épouser. La reine se croit alors menacée d'un divorce imminent qui mettrait sa rivale sur le trône et la renverrait en Italie. Elle conçoit tout d'abord le projet de faire assassiner la princesse, mais d'Epernon, qui suit son plan, lui fait craindre la colère du roi au cas où l'affaire viendrait à échouer. Il lui propose un plus sûr expédient : se débarrasser de Henri IV lui-même, et lui représente que la révolte couve devant l'impopularité d'une guerre entreprise pour une passade du « vert galant ». Elle n'a qu'un mot à dire : les assassins sont en puissance. Marie de Médicis commence par se récrier devant un crime aussi noir. Mais l'habile d'Epernon joue sur ses cordes les plus sensibles, sur son orgueil d'abord, et sur sa jalousie, puis sur son ambition en lui rappelant ses futurs pouvoirs de régente, enfin sur son amour maternel en lui laissant supposer la perte des droits au trône pour ses fils au profit des enfants issus du nouveau mariage. Hors d'elle-même, elle s'enfuit, après avoir formulé un demi-consentement dont le traître se saisit pour hâter l'exécution du complot. Prise de remords, elle vient bientôt le supplier de prévenir l'attentat. Mais il est déjà trop tard, et, en proie au désespoir, elle s'accuse du crime en appelant sur elle la mort, tandis que Sully annonce qu'il se retire dans ses terres pour pleurer, comme le peuple, la mort de son roi.

L'intrigue domestique, dans cette tragédie, joue un rôle tout aussi important que l'intrigue politique. Bien avant les romantiques, en effet, Legouvé choisit de nous montrer l'individu sous le personnage public : Henri IV n'est plus seulement le héros national consacré par l'histoire, le roi débonnaire adoré de ses sujets mais aussi l'époux astreint aux querelles de ménage et aux emportements jaloux de son irascible femme. Du moins l'auteur ne nous montre-t-il pas sur scène les fureurs de Marie de Médicis. Les bienséances l'en retiennent. Le roi se borne à faire le récit de l'enfer de sa vie privée à son fidèle Sully :

> Tout récemment encore...
> L'ingrate se plaignit avec emportement
> Du retard qui s'oppose à son couronnement.
> Voulant que ce délai, que la sagesse ordonne,
> Fût l'outrage secret d'un cœur qui l'abandonne ;
> Et ses transports jaloux, exhalés à grands cris,
> Vinrent d'un long tourment fatiguer mes esprits.
> Nos enfants étaient là... leur présence, leurs charmes,
> Leurs pleurs, qu'elle voyait se mêler à mes larmes,
> Leur innocent effroi, leur filial amour,
> Leurs bras, dont ils venaient nous presser tour-à-tour,
> Rien ne put arrêter son injuste colère ;
> Même en les embrassant elle accablait leur père ! [13].

Legouvé, dans l'avant-propos à la pièce, donne les raisons qui l'ont déterminé à montrer l'individu autant que l'homme d'état :

> J'aurais pu sans doute ne me servir que d'une intrigue politique, mais outre que ce ressort employé seul au théâtre entraîne quelque froideur, j'ai pensé que Henri IV ne pourrait jamais y paraître qu'un héros [...]. Il m'a semblé qu'une intrigue domestique, où il serait placé entre sa femme et Sully, convenait mieux pour le montrer sous

---

13. Acte I, sc. 2.

les traits d'un bon époux, d'un ami sensible, d'un monarque à la fois occupé du bonheur de sa famille et de son peuple, enfin avec cette physionomie particulière qui en fait le meilleur des hommes autant que le plus grand des rois [14].

Or, c'est précisément cette innovation que lui reproche Geoffroy dans un feuilleton acerbe : « N'est-ce pas ignorer les premières règles de l'art que de nous présenter dans une tragédie, un grand roi, qui, à la veille d'une expédition glorieuse, prêt à s'éloigner de sa capitale, n'est occupé que de la jalousie de sa femme, et laisse le gouvernement de son royaume à une folle qui ne sait pas se gouverner elle-même » [15] ? Le goût éminement puriste de Geoffroy le portait en effet à rechercher, dans le portrait d'un personnage historique, non pas l'individu, mais l'homme public dont l'histoire a conservé les traits. Il ne pouvait en aucun cas approuver, ni même comprendre, l'intention de l'auteur, et en conséquence, la pièce se ressent, selon lui, de ce manque de dignité dans le choix du sujet qui la fait tomber au rang de drame. Pourtant, chose qu'il ne pouvait prévoir, Legouvé anticipait par là même le traitement romantique des pièces nationales : la peinture, à travers le personnage historique, de l'individu et de sa vie privée. Une certaine faiblesse dans la menée de l'intrigue, en ce qui concerne l'expédient de la lettre, ne suffit d'ailleurs pas à oblitérer les mérites de la tragédie, et l'on sait que Geoffroy se montrait particulièrement sévère pour les pièces à succès.

Mais la critique littéraire ne fut pas seule à formuler des reproches. Legouvé se vit également blâmer pour avoir bâti son action sur des conjectures historiques. Son accusation du duc d'Epernon et surtout de la reine fut jugée calomnieuse, et on lui reprocha d'avoir dénaturé l'histoire en supposant l'existence d'une conspiration dont Ravaillac n'aurait été que l'instrument. Il répondit à ces objections dans des *Observations historiques sur la mort de Henri IV* [16], où il démontra, preuves à l'appui, que ce n'était pas à la légère qu'il avait chargé de tels personnages d'une accusation aussi grave. En donnant son interprétation d'une affaire obscure, puisque les pièces du procès de Ravaillac ont disparu ainsi que celles des témoins qui accusèrent d'Epernon, il faisait œuvre d'historien aussi bien que de dramaturge. En même temps que d'un ouvrage littéraire c'était donc d'une thèse historique qu'il s'agissait.

---

14. Gabriel Legouvé, *La Mort de Henri IV* (Paris : Antoine-Augustin Renouard, 1806), pp. iii-iv.
15. Julien Geoffroy, *op. cit.*, IV, 164.
16. Ces *Observations* sont jointes à la pièce dans l'édition de 1806.

La tragédie faillit d'ailleurs ne pas être représentée, car le sujet mettait en scène le fondateur d'une dynastie que le régime voulait s'efforcer d'oublier. Legouvé, mis à l'index par les censeurs, s'en fut alors avec Talma solliciter une audience de l'Empereur pour lui donner lecture de son ouvrage et lui permettre de juger par lui-même de ses mérites. Napoléon accorda l'audience, exigea quelques changements d'expressions qui lui semblèrent malséantes pour un roi, dans le passage où Henri IV a le pressentiment de sa mort prochaine [17], et se montra satisfait de l'ensemble. Dès le lendemain parvenait au Théâtre-Français l'acte autorisant la pièce qui fut l'un des plus grands succès de l'époque.

La première de *Brunehaut, ou les successeurs de Clovis* d'Etienne Aignan, par contre, fut mal accueillie du public et faillit même tomber, victime de ce que Geoffroy qualifia de « cabale » [18] littéraire. La pièce parvint pourtant à se relever aux représentations suivantes, en partie grâce au talent de Mlle Raucourt et de Lafon, respectivement dans les rôles de Brunehaut et de Thierry. Il s'agissait de la seconde tragédie nationale d'Aignan, auteur d'une *Mort de Louis XVI* publiée quelques semaines seulement après le régicide et qui, malgré des sentiments libéraux, manifestait une vive sympathie pour le sort du roi.

L'intrigue en est la suivante : Brunehaut touche à la vieillesse après une vie remplie de crimes qui lui ont assuré un pouvoir tyrannique. Chassée de la cour d'Austrasie par son petit-fils Théodebert, las de ses forfaits, elle est allée chercher asile auprès de son autre petit-fils, Thierry, à la cour de Bourgogne. Pour se venger de l'affront reçu, elle pousse Thierry à faire la guerre à Théodebert, et, par son ascendant, règne à la cour de Bourgogne. Mais les deux cousins concluent finalement la paix à son insu, et pour mieux la cimenter Théodebert offre sa fille Audovère en mariage à Thierry. Cependant, Brunehaut, irritée de cette alliance qui vient contrarier ses projets et consciente des velléités d'indépendance de Thierry à son égard, conclut un traité secret avec Clotaire, successeur de sa pire ennemie Frédégonde, qui s'apprête à envahir les états de

---

17. Voici le récit que fait H. Welschinger de l'entrevue (*op. cit.*, p. 234) : « ... quand Talma eut prononcé le vers où le Béarnais pressent sa mort prochaine (acte V, scène 3) 'Je tremble, je ne sais quel noir pressentiment...,' l'Empereur l'interrompit et dit à Legouvé : 'J'espère, Monsieur, que vous changerez cette expression. Un roi peut trembler, c'est un homme comme un autre, mais il ne doit jamais le dire ! »
18. J. Geoffroy, *op. cit.*, IV, 465. Geoffroy attribue cet échec à une négligence de la part de l'auteur, qui voulut se reposer sur les seuls mérites de sa pièce et refusa de se procurer une claque comme il était alors d'usage en pareil cas (*Ibid.*, p. 460).

Thierry. Par ce traité, elle s'engage à lui livrer sa famille et Auxerre, siège de la cour, moyennant son appui pour la rétablir sur le trône d'Austrasie qu'elle lui léguera à sa mort. Puis, pour se venger de Théodebert, elle le fait empoisonner pendant la cérémonie qui unit Thierry et Audovère. Elle avoue d'ailleurs hautement son forfait, et Thierry, horrifié de tant de noirceur, la chasse comme autrefois Théodebert. Elle le met en garde et part pour le camp de Clotaire, Là, forte de cette nouvelle alliance, elle s'apprête à bannir Thierry et Audovère de leur royaume quand Clotaire, en digne fils de Frédégonde, lève enfin le masque et la livre aux bourreaux pour mettre fin à ses crimes. Elle se reconnaît vaincue, mais avant de mourir, prophétise la chute de la dynastie mérovingienne qui sera sa vengeance ultime.

Comme plus tard Lemercier avec sa *Frédégonde et Brunehaut*, Aignan suit ici l'opinion de la majorité des historiens qui s'accorde à faire de cette reine une ambitieuse cruelle et une scélérate. Nous avons donc la peinture d'une femme vieillie dans le crime, comme la Cléopâtre de *Rodogune*, et qui, sans scrupules va jusqu'à se faire gloire de ses forfaits :

> Moi ! trembler !...
> D'un fils dénaturé, je me suis fait justice ; [19]

déclare-t-elle à propos du meurtre de Théodebert. Avec un personnage aussi fortement trempé, il était difficile de faire autre chose qu'une tragédie de caractère. Par ailleurs, la pièce était, de par les goûts d'Aignan, auteur d'une traduction en vers de l'Iliade et de l'Odyssée, dans le plus pur style classique. Geoffroy ne pouvait donc qu'en faire l'éloge. Dans son feuilleton du 26 février 1810, il félicita en particulier Aignan pour avoir choisi la tragédie de caractère, « d'un rang plus distingué que les tragédies d'intrigue » [20], et pour être allé chercher son sujet dans les temps les plus reculés de l'histoire de France, ce qui, d'une part avait l'avantage de soustraire son œuvre à l'esprit de parti, et d'autre part de lui laisser une certaine liberté d'interprétation poétique peu susceptible, en ces temps pré-moyen âgeux, de choquer les connaissances historiques des spectateurs. Il est cependant permis de regretter qu'Aignan soit sorti de la vérité à propos d'un chapitre de l'histoire de France aussi célèbre que celui de la mort de Brunehaut, traînée par des chevaux fougueux sur l'ordre de sa rivale, Frédégonde.

---

19. Acte IV, sc. 6.
20. J. Geoffroy, *op. cit.*, IV, 460.

De l'étude de ces trois pièces, il ressort que l'innovation par rapport à la tragédie classique se limite dans chaque cas à la dramatisation d'un sujet national. Pour ce qui est de leur facture et de leur conception, l'esthétique du Grand Siècle demeure toujours en pleine vigueur. Il est pourtant possible de discerner, dans les deux premières, certains traits qui sèment les germes du romantisme. Il s'agit de la conception du héros fatal chez Carrion-Nisas, et chez Legouvé, de la peinture de l'individu sous l'homme d'état ainsi que de l'importance accordée pour la première fois aux recherches historiques.

Restent à considérer l'œuvre de Raynouard, et surtout celle de Lemercier qui, par son importance numérique, est peut-être la contribution essentielle de l'Empire au théâtre national.

CHAPITRE IV

FRANÇOIS RAYNOUARD :
LA TRAGÉDIE NATIONALE DE CARACTÈRE

François Juste Marie Raynouard, né dans le Var en 1761, avocat à Draguignan puis suppléant à l'Assemblée Législative à partir de 1791, devait s'illustrer dans la carrière des lettres et connaître la gloire à quarante-quatre ans avec une tragédie nationale, *Les Templiers*. La pièce, qui compte parmi les plus grands succès de l'Empire, valut d'abord à son auteur le prix de la tragédie décerné par le jury des prix décennaux, et lui ouvrit, deux ans plus tard, les portes de l'Académie française. Représentée pour la première fois au Théâtre-Français par les comédiens ordinaires de l'Empereur le 14 mai 1805, il s'agissait d'une réhabilitation des templiers et d'un réquisitoire contre leurs juges, le pape Clément V et Philippe-le-Bel. Comme chez Legouvé, l'intention historique était sérieuse et l'adjonction à la pièce d'une notice sur le procès des templiers, de documents justificatifs relatifs à leur dossier et de notes historiques disséminées au hasard des scènes en témoigne.

L'intrigue principale est relativement dépouillée : l'ordre des templiers, ordre à la fois religieux et militaire composé de chevaliers qui se consacrent à maintenir contre les infidèles la sûreté des pèlerins allant à Jérusalem, se voit accusé de rites impies et de complots contre le trône. Philippe-le-Bel, appuyé de Clément V qui lui doit son pontificat, se détermine à détruire un ordre qu'il croit dangereux à la sécurité de l'état mais annonce qu'il saura faire preuve de clémence si les chevaliers, par leurs aveux, font acte de soumission. Pourtant la résistance de l'ordre et surtout de l'incorruptible grand-maître ne laisse aucun doute. Le conflit est inévitable. Le palais du Temple est confisqué, les templiers sont arrêtés. Mais la reine, Jeanne de Navarre, qui les croit innocents, les protège et s'engage à détromper le roi, aveuglé par ses conseil-

lers, tandis que le connétable de Châtillon, chef de l'armée, inter-
cède en leur faveur en rappelant leurs victoires héroïques contre
les infidèles. Le roi réitère ses conditions. Un tribunal sacré s'apprête à juger les accusés. Le grand-maître convoque alors ses templiers pour les exhorter au courage et à la vertu devant l'épreuve
qui les attend, et, malgré l'avis de certains, refuse obstinément de
prendre les armes pour défendre l'ordre contre ses persécuteurs :

> La vertu souffre et ne conspire pas [...]
> Une révolte ! nous ? que ferait donc le crime ? [1].

Cependant, l'intercession de la reine auprès de Philippe n'a pas eu
les résultats escomptés. Celui-ci attend toujours un acte de repentir
que le grand-maître, fier de son innocence, se refuse à lui accorder :

> Faut-il de vos soupçons défendre notre gloire ? [2]

Alors le roi, pour l'ébranler et provoquer la soumission qu'il espère,
le confronte avec l'un des templiers, Laigneville, qui est passé aux
aveux devant le tribunal. Pourtant, Laigneville, raffermi par la
présence du grand-maître et pris de remords à l'idée de ces faux
aveux arrachés par la torture et l'espoir d'un pardon, se rétracte,
préférant la mort à l'ignominie. Philippe, irrité de ce fanatisme qui
échappe à son entendement, se résout à punir : le tribunal pro-
nonce la sentence que les templiers reçoivent avec courage. Le roi
offre une dernière fois son pardon, mais le grand-maître refuse
de s'humilier à ce prix, et malgré les ultimes tentatives de la reine
pour les sauver, ils périssent en martyrs sur le bûcher. Jeanne de
Navarre pleure leur trépas tandis que Philippe, enfin pris de doute
à l'idée de leur innocence, invoque la pitié divine pour son peuple
et son royaume.

Parallèlement à cet intérêt dramatique principal dont la géné-
ralité frôlait la froideur, Raynouard sut exploiter un cas particulier : le dilemme du jeune Marigni, fils de l'un des persécuteurs
de l'ordre, qui a secrètement donné sa foi aux templiers. Après
avoir renouvelé son serment de fidélité au grand-maître, celui-ci
hésite entre l'espoir d'un hymen avec la fille de Jeanne de Navarre,
son respect pour son père qui lui ordonne d'arrêter les templiers,
et sa conscience qui lui commande de se révéler publiquement
comme l'un d'eux et d'accepter leur sort. Le conflit donne lieu à

---

1. Acte III, sc. 1.
2. Acte IV, sc. 3.

une belle tirade délibératrice dans laquelle il finit par opter pour la seconde solution :

> L'homme a créé l'honneur, Dieu créa la vertu [3].

Le rôle, tenu par Talma, était manifestement conçu pour mettre en valeur le talent dramatique de cet acteur autant que pour resserrer l'intérêt sur un cas particulier. La création du personnage fut pourtant critiquée comme étant inutile. D'abord par Geoffroy :

> Il y a dans la pièce un personnage épisodique imaginé par l'auteur pour jeter quelque mouvement théâtral dans l'action : c'est le jeune fils du ministre Marigni qui, dans un désespoir amoureux, s'est fait moine templier, et qui depuis, pouvant épouser sa maîtresse, a le scrupule de ne pas vouloir enfreindre ses vœux. Chargé d'arrêter les templiers, il est si touché de leur courage, qu'il se déclare lui-même templier, et veut être martyr de l'honneur très équivoque de ces moines. Cet héroïsme monacal est forcé et romanesque [4].

De même Gustave Merlet, dans une étude par ailleurs favorable à la pièce, écrit en 1878 :

> Quant au jeune Marigny, qui a le tort d'être amoureux sans qu'on sache l'objet de son amour, l'inutilité de ce rôle n'est pas suffisamment rachetée par l'hémistiche tant applaudi de ces vers :
> « Tous marchent à la mort d'un pas ferme et tranquille On les égorge tous. Sire, ils étaient trois mille ! » [5].

Dans la première version de la pièce, qui fut celle de la représentation de 1805, le personnage était malheureusement épisodique, comme le faisait remarquer Geoffroy. Après sa décision, prise à la fin de l'acte III, le public n'avait plus rien à attendre de lui : ce n'était qu'un templier de plus. Il disparaissait donc à l'acte IV pour ne faire qu'une apparition sans grand intérêt à l'acte V. Raynouard sentit les lacunes du rôle, et dans les remaniements qu'il effectua en 1815 le prolongea, ajoutant par là à l'intérêt dramatique et à l'unité de la pièce. Un article du *Moniteur*, daté de cette époque, donne une idée de ces changements :

> Par une adroite combinaison l'auteur a prolongé le rôle de Marigni. Au troisième acte il va se nommer, le grand maître l'arrête. [...] Marigni peut donc encore garder

---

3. Acte III, sc. 6.
4. *Op. cit.*, IV, 337.
5. Op. cit., p. 251.

> son secret et l'auteur s'est ménagé une belle scène qui
> nourrit son quatrième acte. Ce n'est plus devant le grand
> maître seul et sous la forme d'un simple aveu que Mari-
> gni se fait reconnoître ; c'est devant le roi, la reine, le
> connétable et tous les templiers réunis ; bien plus c'est
> devant son père qu'il presse le roi d'être inexorable [...]
> On voit ici combien la situation est à la fois plus natu-
> relle et plus touchante [...] et combien elle sert heureu-
> sement de transition au cinquième acte [6].

Ces remaniements furent applaudis de la critique et la pièce reprise avec un regain de succès.

Le personnage le plus étudié n'était pourtant pas Marigni,
mais le grand-maître des templiers, Jacques de Molay, qui fut joué
par Saint-Prix en 1805, âme cornélienne qui rappelle Polyeucte
autant que Marigni rappelle le Cid. Raynouard avait voulu en faire
un héros, dévoué corps et âme à son idéal, que ne touchait aucune
des faiblesses humaines. Ce manque d'humanité du personnage,
d'ailleurs contraire à la vérité historique [7], irrita généralement la
critique. Geoffroy s'empressa de déclarer : « C'est un personnage
de pure invention, calqué sur ce qu'il y a de plus vertueux et de plus
sublime dans l'histoire ancienne et moderne ; c'est un homme pétri
d'héroïsme depuis les pieds jusqu'à la tête et qui fatigue l'admira-
tion » [8]. Et il ajoutait : « Qui nous répond de l'innocence du grand-
maître ? Il faut l'en croire sur sa parole ; rien dans la pièce ne
prouve que Jacques de Molay soit innocent, si ce n'est son arrogance, son orgueil, ses fanfaronnades de courage et d'héroïsme » [9].
L'Empereur lui-même, à l'issue de la représentation de la pièce à
Saint-Cloud, formula un jugement défavorable à la conception du
caractère :

> L'auteur paraît surtout avoir oublié une maxime clas-
> sique établie sur une véritable connaissance du cœur
> humain, c'est que le héros d'une tragédie, pour intéresser,
> ne doit être ni tout-à-fait coupable, ni tout-à-fait innocent.
> Il aurait pu, sans s'écarter des vérités historiques, faire
> une heureuse application de ces principes au grand-maître
> des templiers, mais il a voulu le représenter comme un
> modèle de perfection idéale, et cette perfection idéale, sur
> le théâtre est toujours froide et sans intérêt [10].

---

6. *Le Moniteur*, mars 1815.
7. Selon les archives de l'interrogatoire, le grand maître commença par avouer
les crimes qu'on lui imputait, peut-être dans l'espoir de sauver l'ordre et les
templiers en cédant au roi. Cf. la notice de Raynouard : *Des Templiers*, publiée
en tête de la pièce (Paris : Giguet et Michaud, 1805), p. lxvi.
8. *Op. cit.*, IV, pp. 338-39.
9. *Ibid.*, p. 340.
10. Louis François Joseph, baron de Bausset, *Mémoires anecdotiques sur l'intérieur du palais de l'Empereur Napoléon* (Paris : Levavasseur, 1829), I, 46-47.

Merlet se joint à ces critiques : « Il est certain que le Grand-Maître nous eût émus davantage si, moins idéal et plus humain il s'abandonnait un instant à ces troubles qui se concilient avec les résolutions courageuses » [11]. Pourtant, l'intention de Raynouard était vraisemblablement la suivante : montrer la faiblesse humaine personnifiée par le jeune Marigni face au modèle sublime offert par le grand maître, situation après tout assez semblable à celle qui existe chez Corneille entre Pauline et Polyeucte.

Quant au personnage de Philippe-le-Bel, qui fut joué par Lafon, il n'en fit pas un hypocrite convoitant, entre autres, les richesses accumulées par l'ordre, malgré les suggestions du précis historique [12]. Dans la pièce, Philippe croit sincèrement les templiers coupables à l'égard du pouvoir, et suit les avis de conseillers dont les intérêts sont opposés à ceux de ces chevaliers. Son principal chef d'accusation semble être leur fier refus de se soumettre à son autorité, et le conflit qui les oppose est un conflit d'honneur :

> Les nommer innocents, c'est m'avouer coupable [13],

constate-t-il après la condamnation du tribunal. Geoffroy soutint que la pièce ne faisait pas justice à Philippe, et représentait la plupart du temps comme un sot et un niais ce roi qui sut affermir la puissance royale en détruisant, « comme il en avait le droit », cette « corporation ennemie de l'autorité, nuisible à la tranquillité publique » [14]. Un tel feuilleton sentait son courtisan et l'on pouvait anticiper les réactions de Napoléon à partir de celles du rédacteur du *Journal de l'Empire*. Le portrait de Philippe-le-Bel, auquel l'Empereur en tant qu'homme politique prêta toute son attention, ne lui plut pas. Les hésitations clémentes de « ce personnage qui tremble devant un inquisiteur et semble ne demander aux templiers que pour la forme un acte de soumission ou de respect » [15] lui semblèrent incompatibles avec la vérité historique :

> Le caractère de Philippe-le-Bel, prince violent, impétueux, emporté dans toutes ses passions, absolu dans toutes ses volontés, implacable dans ses ressentiments, et jaloux jusqu'à l'excès de son autorité, pouvait être théâtral, et ce caractère eût été conforme à l'histoire. Au lieu de cela, M. Renouard [sic], d'ailleurs auteur fort estimable et d'un grand talent, nous le représente comme un homme

---

11. *Op. cit.*, p. 251.
12. *Op. cit.*, p. lxiii.
13. Acte V, sc. 7.
14. *Op. cit.*, IV, 339. Voir également à ce sujet le volume VI, pp. 9-10.
15. Bausset, *op. cit.*, p. 46.

froid, impassible ami de la justice, qui n'a aucune raison
d'aimer ou de haïr les templiers [16].

Dans une lettre à Fouché, en date du 31 décembre 1806, il reprenait
cette critique en même temps qu'il définissait sa propre conception
de la tragédie historique moderne :

> La fatalité poursuivait les héros des Atrides, et les
> héros étaient coupables sans être criminels ; ils parta-
> geaient les crimes des dieux. Dans l'histoire moderne ce
> moyen ne peut être employé ; celui qu'il faut employer,
> c'est la nature des choses, c'est la politique qui conduit à
> des catastrophes sans des crimes réels. M. Raynouard a
> manqué cela dans les *Templiers*. S'il eût suivi ce principe,
> Philippe-le-Bel aurait joué un beau rôle ; on l'eût plaint et
> on eût compris qu'il ne pouvait faire autrement [17].

Raynouard se souvint de ces critiques lors des remaniements de
1815. Il rendit plus explicites les motifs du roi, le vague de l'accusation s'en trouvait effacé, les faits précisés, l'ordre devenait dangereux pour le pouvoir et par là le roi prenait un caractère de justicier qu'il n'avait pas jusqu'alors. En même temps sa conduite
devenait plus logique avec la suppression de la scène de rétractation
des aveux de Laigneville. Il n'apprenait cette rétractation qu'au
moment où les templiers marchaient déjà vers leur supplice, et, pris
de doute à l'idée de leur innocence, donnait alors, mais trop tard,
ordre de suspendre l'exécution [18].

Le parti-pris manifeste en faveur d'un personnage contre un
autre qui se retouvera dans les *Etats de Blois*, la thèse réhabili-
tatrice de la pièce s'expliquent de par les fonctions mêmes de l'auteur. La profession d'avocat, qu'il avait exercée pendant vingt ans
avant de se consacrer à ses loisirs littéraires, le prédestinait à la
plaidoirie et aux tirades délibératrices, et, comme le dit Gustave
Merlet : « Ici, l'homme du Palais n'avait point encore quitté sa
robe ; il croyait plaider devant la cour de cassation » [19]. Or, selon
Geoffroy, c'est précisément l'erreur qu'a commise Raynouard que
de vouloir faire de sa tragédie une apologie en faveur des templiers
et de nous les montrer en martyrs de la foi, alors que l'histoire
conserve d'eux une toute autre mémoire et que l'ensemble des
instructeurs du procès et des historiens les juge comme étant tom-

---

16. *Ibid.*
17. Cité par H. Welschinger, *op. cit.*, p. 236.
18. Cf. le *Moniteur* de mars 1815.
19. *Op. cit.*, p. 250.

bés dans l'hérésie et la débauche [20]. L'Empereur lui-même manifesta une certaine irritation devant ce procès en réhabilitation :

> Oubliant que le véritable objet d'une tragédie est toujours d'émouvoir, l'auteur s'est trop soucié d'avoir une opinion sur un fait qui ne cessera pas d'être enveloppé de ténèbres. A cinq cents ans de distance, comment serait-il possible de prononcer que les templiers furent innocents ou coupables, lorsque les contemporains eux-mêmes se contredisaient les uns les autres ? Tout ce qu'on peut dire, c'est que cette affaire fut monstrueuse. L'entière innocence des templiers est aussi incroyable que leur entière perversité. [...] Qu'en eût-il coûté, entre nous à l'auteur de représenter de jeunes templiers, religieux, raffermis et courageux dans l'excès de leur malheur, adorant la main sévère de la Providence qui les punissait d'avoir dégénéré des vertus de leurs anciens par l'abus de leur puissance et de leurs richesses ? Tous ces faits sont admis dans l'histoire par les accusateurs et par les défenseurs des templiers [21].

Malgré ces critiques plus ou moins fondées, la pièce n'en fut pas moins l'un des plus grands succès du temps et selon les propres paroles de Mme de Staël « l'une des plus dignes de louanges qui aient paru depuis longtemps » [22]. On peut imputer ce succès en partie au fait que « dans un temps où l'on commençait à être las des redites mythologiques elle eut l'habileté d'aborder résolument l'histoire nationale » [23]. Si *Les Templiers* demeurent une tragédie classique par leur facture et le refus de l'auteur de faire revivre les mœurs d'une époque, et s'ils témoignent d'une certaine partialité historique, il n'en reste pas moins que le sublime des caractères, le pathétique des situations et la beauté de certains vers les placent très loin devant les pâles productions de l'Empire. Une comparaison avec Corneille s'impose d'ailleurs à plus d'un titre, et parmi tous les classiques, ce dernier fut sans aucun doute le grand modèle de Raynouard pour le sublime dans la peinture du caractère du grand-maître, l'importance accordée aux notions d'honneur et de vertu, la négation de l'amour comme motivation tragique, l'art déclamatoire et les tirades délibératrices qui rappellent que tous deux furent avocats avant de devenir hommes de lettres, le don des formules concises et bien frappées [24], et enfin, l'art de la litote [25]. Quant à la

---

20. *Op. cit.*, IV, 333-36.
21. Voir Bausset, *op. cit.*, pp. 45-47.
22. Mme de Staël, *De l'Allemagne* (Paris : Treuttel & Würtz, 1820), II, 347.
23. G. Merlet, *op. cit.*, p. 249.
24. Cf. « L'homme a créé l'honneur, Dieu créa la vertu » (III, 6).
25. Cf le récit de la mort des templiers enfermés dans les murs de Saphad : « On les égorgea tous. Sire, ils étaient trois mille »(1, 4) ou de la vision des templiers chantant des cantiques sur le bûcher : « Mais il n'était plus temps... les chants avaient cessé » (V, 8).

critique de Geoffroy, elle n'était pas totalement impartiale du fait de ses opinions politiques opposées à celles de l'auteur, ancien révolutionnaire dont les velléités d'indépendance allaient bientôt alerter le régime. Geoffroy, royaliste converti à la cause bonapartiste, prodigua toujours ses éloges à la personne de l'Empereur. Cette critique « politique » explique en partie son acharnement à détruire une pièce consacrée par le succès, et il est probable, comme le fait ironiquement remarquer Bausset dans ses *Mémoires*, que « si Geoffroy n'en avait pas dit tant de mal, on n'en aurait pas dit tant de bien »[26].

Malgré les honneurs qui avaient accueilli les *Templiers*, Raynouard se vit interdire, en 1810, la représentation d'une deuxième tragédie nationale, *Les Etats de Blois*. Composés dès 1804, *Les Etats de Blois* partagent avec les *Templiers* certaines analogies de facture et de traitement de l'histoire. Une préface, jointe à la pièce, nous donne un art poétique en matière de tragédie nationale, et l'auteur y insiste sur trois points. D'abord, il entend renouer avec la tradition des pièces nationales grecques et des théâtres nationaux anglais et espagnols tout en conservant le moule classique du XVIIᵉ siècle, le plus propre à la perfection : « Je n'ai pas innové, j'ai tenté de ramener la tragédie à sa première institution, sans m'autoriser des licences que les poètes étrangers des théâtres modernes se sont permises, quand ils ont traité la tragédie purement historique »[27]. En second lieu, l'intérêt qu'inspirent les sujets dramatiques choisis dans l'histoire ancienne est épuisé. Le genre théâtral doit être lié aux mœurs du pays dans lequel il voit le jour. Il faut donc prendre ses sujets dans l'histoire moderne et particulièrement dans l'histoire nationale en attachant une importance toute spéciale à la vérité historique : « Ne serait-il pas à désirer que toutes les grandes époques de notre histoire fussent successivement exposées sur la scène, en préférant, en exigeant même, pour première condition, la peinture exacte des mœurs du temps, la ressemblance des personnages et la vérité du fait ? »[28]. Enfin, un tel théâtre doit avoir un but didactique, moral et patriotique. Ainsi, ce genre sévère, « retraçant les tableaux patriotiques de notre histoire, excitant les sentiments généreux, inspirant l'amour de la patrie et du monarque, et favorisant les développements du caractère national »[29], renouait avec la tradition de Du Belloy, de Mercier et de Marie-Joseph Chénier. On voit, dès lors, quel était le but de Ray-

---

26. *Op. cit.*, p. 49.
27. François Raynouard, *Les Etats de Blois* (Paris : Mame frères, 1814), préface p. 195.
28. *Ibid.*, pp. 195-96.
29. *Ibid.*, p. 196.

nouard : concilier la lignée de Corneille et de Racine avec le genre national du XVIIIᵉ siècle. Et sa définition de la tragédie historique résumait les théories énoncées : « une galerie animée où la poésie ressuscite les vertus et les crimes ; où elle rapproche et embellit les détails de l'histoire, sans en altérer la vérité »[30].

Les Etats de Blois sont donc une application de ces principes. La reconstitution historique s'y veut sérieuse, comme dans les Templiers, témoin l'importante notice sur le duc de Guise qui précède la pièce et les relevés des annales relatives à sa mort, telle la relation de Miron, médecin du roi. L'intention morale et patriotique y est personnifiée par le futur Henri IV, qui a manifestement toute la sympathie de l'auteur, et la pièce est une tragédie de caractère faite dans le plus pur style classique, selon les règles et les bienséances. L'action est tant bien que mal comprimée dans les vingt-quatre heures qui voient, arrivées à leur point culminant, les craintes de Catherine de Médicis au sujet de la succession de son fils, Henri III, ses intrigues pour amener la paix avec Henri de Navarre qu'elle a choisi comme héritier de la couronne ; les manœuvres ambitieuses de la Ligue et de son chef, le duc de Guise, qui espère renverser le roi pour établir sa propre dynastie ; l'entrevue de ces deux prétendants qui s'affrontent depuis des années dans une désastreuse guerre de religion ; leur audience avec la reine-mère au cours de laquelle Guise demande que l'on déshérite un hérétique selon les lois de l'Eglise tandis que le roi de Navarre dénonce les ambitions de la Ligue ; l'acte chevaleresque du duc qui détourne un projet d'assassinat sur la personne de son ennemi ; une dernière tentative d'Henri de Navarre pour amener Guise à conclure la paix ; les préparatifs d'assassinat du duc par la reine-mère déterminée à sauver le trône ; les avertissements de Mayenne à son frère, Guise, au sujet du complot tramé par Catherine et son fils ; le refus du duc de prendre ces alarmes au sérieux et sa décision de se rendre au Conseil du roi ; enfin l'annonce de sa mort accompagnée des regrets sincères du roi de Navarre.

Malgré un dénouement précipité, la pièce présente des lenteurs dans la menée de l'intrigue, lenteurs qui sont justifiées dans la préface. Raynouard, en effet, n'a pas hésité à sacrifier l'intérêt dramatique au profit de la tragédie de caractère qui demande de longues expositions, ni à rejeter certaines situations tentantes fournies par l'histoire. Ainsi, l'introduction du personnage de la duchesse de Noirmoutiers, maîtresse du duc, accourue de Paris pour lui faire part de ses pressentiments, aurait pu montrer l'amour,

---

30. Ibid., p. 188.

chez Guise, luttant contre l'ambition. Ou encore la mise en scène du prince de Joinville, son fils figurant comme otage de la reine-mère, pouvait apporter un surcroît d'éléments au pathétique de la situation. Mais il préféra la sévérité de l'intrigue classique : « J'ai rejeté toutes ces combinaisons, qui n'appartenaient point au genre de spectacle que je retraçais conformément à l'histoire, et qui ne se rattachaient point au seul grand intérêt que l'évé-nement devait offrir » [31]. Quant à la vérité historique à laquelle il semble tant tenir dans sa préface, il sait, à l'occasion, lui faire des entorses. Ainsi, la reine-mère, dont le personnage est conçu avant tout en fonction de son rôle dramatique décisif dans l'assassinat du duc de Guise, était loin de pouvoir jouer un tel rôle dans la réalité, même si ses conseils furent de quelque im-portance dans le complot du roi. Raynouard avoue lui-même, dans sa notice historique, qu'elle se trouvait fort malade à cette époque et obligée de garder la chambre [32]. De ce point de vue, l'absence de Henri III dans la pièce, à laquelle il est obligé de pallier aux dépens de la vérité historique, n'est guère justifiée quoiqu'en dise la préface, s'arguant de la relation de Miron selon laquelle le roi s'adonnait en ce temps là « à des occupations si faibles [...] qu'il paraissait à vue presque privé de mouvement et de sentiment » [33]. Une autre altération importante de cette vérité historique réside dans l'avancement de la paix conclue entre Henri III et le roi de Navarre, ceci afin de pouvoir faire de ce dernier l'un des prota-gonistes du drame. En fait, le futur Henri IV se trouvait en cam-pagne au moment de l'assassinat du duc. Mais la tragédie de carac-tère conçue par Raynouard exigeait un contraste psychologique que seul Henri de Navarre pouvait fournir face à Henri de Guise.

Avec le duc, nous avons le portrait d'un homme extrêmement ambigu, tour à tour sympathique et antipathique selon les mobiles qui le poussent : sympathique par sa vaillance, son impulsion cheva-leresque qui lui fait empêcher le lâche assassinat de son ennemi, sa témérité qui le pousse à marcher à la mort avec le pressentiment de ce qui l'attend [34] ; antipathique par son hypocrisie calculée lorsqu'il refuse la paix avec le roi de Navarre sous prétexte de sa foi, et par l'orgueil immense qui l'anime. A l'amitié d'enfance que

---

31. *Ibid.*, p. 192. Nous aurons l'occasion d'étudier le parti que saura tirer Vitet de telles situations dans ses *Etats de Blois* parus en 1827, ainsi que les diffé-rences de base entre la tragédie nationale « classique » et le drame national « romantique » s'exerçant sur un même sujet. (Cf. chapitre sur Vitet, pp. 127-128).

32. *Ibid.*, p. 165.

33. *Ibid.*, p. 195.

34. Cf. Acte V, sc. 9.

le roi lui rappelle et au pardon qu'il lui offre en cas de victoire, il
rétorque :

> Moi, je n'ai pas l'orgueil de renoncer d'avance
> Aux droits de ma victoire, aux droits de ma vengeance ;
> De votre inimitié je brave le danger :
> Qui m'offre le pardon fait plus que se venger.
> Moi, l'accepter ! Bourbon a l'orgueil de le croire !
> Ma mort précéderait sa dernière victoire.
> Je veux vivre, combattre et mourir en soldat.
> Vainqueur, j'offre la paix, et vaincu, le combat.
> Dans mes divers succès, vous obtiendrez l'estime
> Que je dois, que j'accorde au prince magnanime ;
> Mais, quelqu'estime enfin que je sente pour vous,
> Jamais vous ne verrez un Guise à vos genoux [35].

Ce sont finalement cette ambition et cet orgueil qui entraînent le duc
à sa perte, et, comme dans les meilleures pièces de Racine, le dénouement dépend, non de la fatalité, mais de la logique interne des
passions.

Comme les *Templiers*, les *Etats de Blois* n'échappent pas au
parti-pris de l'auteur. A cet égard, la scène 5 de l'acte II, qui met
pour la première fois les deux protagonistes en présence, est une
scène-clef : d'un côté, Bourbon, l'héritier légitime, l'élu de la reine-
mère, personnification de la sincérité et de l'honnêteté, de l'autre,
Guise l'héritier présomptif, l'ambition et l'hypocrisie soutenues par
la Ligue et ses fanatiques. Dans le premier on trouve toutes les
qualités qui manquent au second et qui en feront un roi modèle :
honnêteté, tolérance religieuse, amour du peuple et mépris de ceux
qui l'exploitent.

La tirade suivante, attribuée au roi de Navarre et relative à la
conduite antipatriotique des députés de la Ligue, devait irriter
Napoléon, lors de la représentation privée de la pièce sur le théâtre
de Saint-Cloud, à cause des implications politiques que l'on pouvait
y voir :

> Que font ces députés ? Tous trahissent la France ;
> Ceux-ci par leurs discours ; ceux-là par leur silence ;
> Et, moins dignes de haine encore que de mépris
> Ils proscrivent souvent de peur d'être proscrits.
> Tel parle liberté, nous insulte et nous brave,
> Qui n'est, dans son parti, que le premier esclave.
> Souvent, par un terrible et rapide retour,
> Le héros de la veille est le tyran du jour [36].

---

35. Acte II, sc. 5.
36. Acte III, sc. 2.

Une autre scène indisposa l'Empereur, celle où Crillon, fidèle serviteur du roi et de la reine-mère, refuse d'avoir recours contre le duc de Guise au moyen lâche de l'assassinat. Le fait, selon Raynouard, était historique [37]. Pourtant, à la tirade sur l'honneur de la chevalerie :

> Confiez à Crillon une noble vengeance,
> C'est en guerrier français que je venge mon roi :
> Si ma vie est à lui, mon honneur est à moi [38],

Napoléon ne put retenir un mouvement d'impatience et, malgré l'intérêt manifeste de l'assistance pour la pièce, cessa dès lors d'y prêter attention. « Cette scène lui rappela sans doute la nuit funeste où, malheureusement pour sa gloire et pour leur propre honneur, d'autres guerriers n'imitèrent pas le loyal Crillon » [39] explique Théodore Muret qui fait allusion à l'exécution du duc d'Enghien au donjon de Vincennes. A la lumière de cette explication, on comprend pourquoi les *Etats de Blois* furent censurés : Napoléon n'entendait pas, même par coïncidence, se faire rappeler l'une de ses plus grandes fautes politiques. D'ailleurs Raynouard, en tant que membre du corps législatif, avait déjà évolué dans le sens de l'opposition et s'apprêtait à prononcer une allocution qui allait hâter la chute du régime [40]. L'auteur était suspect et la pièce fut interdite malgré la popularité des acteurs qui devaient tenir les rôles principaux [41]. Telle était la censure impériale. Les raisons invoquées par l'Empereur cachaient à dessein le principal :

> Les éloges prodigués aux Bourbons sont les moindres ; les diatribes contre les révolutionnaires sont bien pires [42]. Si j'autorisais cette tragédie, on pourrait m'apprendre le lendemain que cinquante personnes se sont égorgées dans le parterre. De plus, l'auteur a fait d'Henri IV un vrai Philinte, et du duc de Guise un Figaro : ce qui est par trop choquant. Car le duc de Guise était l'un des plus grands personnages de son temps, avec des talents supérieurs auxquels il ne manque que d'oser pour commencer dès lors la quatrième dynastie. D'ailleurs c'est un parent de l'Impératrice, un prince de la maison d'Autriche, avec qui nous sommes en amitié et dont l'ambassadeur était présent, ce soir, à la représentation [43].

---

37. Cf. la préface, p. 194.
38. Acte V, sc. 4.
39. Théodore Muret, *L'Histoire par le Théâtre* (Paris : Amyot, 1865), I, 236.
40. Cf. G. Merlet, *op. cit.*, p. 545.
41. Talma, dans le rôle du duc de Guise, Lafond, dans celui du roi de Navarre, et Mlle Raucourt, dans celui de la reine-mère.
42. Cf. Acte II, sc. 1.
43. Cité par G. Merlet, *op. cit.*, pp. 253-54.

Outre les motifs personnels qu'il pouvait avoir de faire grief à Raynouard, Napoléon craignait également la cabale royaliste qui brandissait le personnage d'Henri IV, fondateur de la dynastie des Bourbons, comme le symbole de la Restauration. En fait, il ne se trompait pas, car les *Etats de Blois*, bannis par sa censure, devaient faire une réapparition triomphale dès la chute du régime, le 31 mai 1914. Pourtant, en dépit de l'attente générale, la pièce ne connut que huit représentations au Théâtre-Français, et son échec semble dû à l'intention didactique de l'auteur, plus sensible encore que dans les *Templiers*, sans que l'œuvre réussisse à atteindre aux beautés dramatiques qui avaient fait le succès de ces derniers.

Raynouard donna encore une tragédie historique aujourd'hui perdue, *Léonore de Bavière*, puis abandonna le théâtre pour se consacrer à ses recherches philologiques et historiques. Il ne publia plus que des ouvrages d'érudition sur la poésie des troubadours, la langue romane et le droit municipal en France.

CHAPITRE V

NÉPOMUCÈNE LEMERCIER :
UN PROMOTEUR DU THÉATRE NATIONAL

Népomucène Lemercier, né à Paris en 1771, commença par se consacrer au dessin avant de trouver sa voie dans la carrière des lettres. Elève du peintre David, il dut bientôt quitter cet art « parce que les études qu'il exigeait lui affectaient trop la poitrine »[1]. Révélé comme auteur tragique sous le Directoire avec une pièce classique, *Agamemnon*, il ne parvint jamais par la suite à égaler ce succès qui fut l'un des plus considérables de l'époque. A partir de 1801, il s'essaya à la tragédie nationale, et dès lors, par le nombre de ses pièces tirées de l'histoire de France, il se trouva être le principal promoteur du genre au début du dix-neuvième siècle. S'il revint pourtant, de temps à autre, aux sujets antiques[2], le genre national devait former désormais la majeure partie de sa production dramatique. Outre six tragédies, on lui doit ce qui est vraisemblablement la première tentative de comédie nationale. Après avoir en effet inventé la comédie historique moderne en 1800 avec *Pinto, ou la Journée d'une conspiration*, Lemercier décida d'aborder la comédie nationale avec un sujet pris dans l'histoire du XVIIᵉ siècle.

Richelieu, ou la Journée des Dupes naquit d'un pari littéraire par lequel son auteur voulut prouver que « l'imitation de la nature en tous ses modes était inépuisable »[3] en s'engageant à donner sous peu un ouvrage dramatique d'un genre nouveau. Le genre ainsi conçu

---

1. Pierre Marie Michel Lepeintre-Desroches, éd. *Suite du Répertoire du Théâtre-Français* (Paris : Veuve Dabo, 1822), vol. X, notice sur Lemercier, p. 5.
2. Avec *Isule et Orovèse* en 1802, puis *Plaute ou la comédie latine*, en 1808.
3. Népomucène Lemercier, *Richelieu, ou la Journée des Dupes* (Paris : Ambroise Dupont & Cie, 1828), avant-propos, p. ii.

était une sorte de moyen terme entre la tragédie historique noble dans la tradition de Corneille et la comédie satirique dans la tradition de Molière. Lemercier nous retrace sa démarche dans l'avant-propos à la pièce :

> Je repassai dans ma mémoire la série entière des modifications que nos devanciers avaient procurées à leurs successeurs [...]. Je vis que la tragi-comédie ou comédie héroïque contenait le type des passions élevées et du noble langage qui les exprime, ainsi que la tragédie dont le spectacle représente, conformément à sa beauté idéale, les vertus et les crimes des rois et des héros ; mais j'aperçus qu'en dépouillant ces éminents personnages du faux appareil qui les couvre, et qu'en appliquant à leurs vices et à leurs actions perverses la force du ridicule, il en résulterait un genre vrai, moral, instructif, qui apprendrait au peuple à démasquer la basse politique, et lui montrerait les grands en déshabillé, et pour ainsi dire, mis à nu sous le fouet de la satire [4].

Cette conception, on le voit, contenait déjà en germe le mélange des genres qui sera, vingt ans plus tard, l'une des revendications de la *Préface de Cromwell*. Lemercier donnait la définition suivante de la haute comédie historique ainsi conçue selon les modèles formels du *Misanthrope* et des *Femmes Savantes* : « La nouveauté de cette méthode dramatique, en accord avec les anciennes règles prescrites, consiste à mettre les mémoires en action et ne résulte que de l'application philosophique du ridicule à la vicieuse conduite des affaires de l'Etat » [5]. Et dans une note il précisait :

> J'entends par « *mettre les mémoires en action* » non dialoguer des parties d'histoires dans plusieurs suites de scènes décousues, et composées à l'imitation de celles du président Hénault ou des romans de Walter Scott, mais concentrer l'esprit des annales dans le plan d'un sujet qui resserre un nœud soutenu par des combinaisons théâtrales. C'est là ce qui seulement constitue la vraie comédie ainsi que le drame historique [6].

Une pièce construite selon l'idéal classique demande en effet des liens, une logique et une unité sélective que la réalité historique souvent n'est pas en mesure d'offrir. Avec Lemercier, la progression depuis le président Hénault est nette : la pièce nationale ne sera plus seulement une page d'histoire dialoguée mais une dramatisa-

---

4. *Ibid.*, p. iii.
5. *Ibid.*, p. viii.
6. *Ibid.*

tion de l'histoire grâce à l'agencement poétique des éléments fournis par la chronique ou par les mémoires. Pourtant le poète doit se garder des interprétations et des inventions romanesques, car son œuvre, pour mériter le titre d'historique, doit se fonder sur les faits les plus exacts.

Lemercier déclara devoir l'idée de *Richelieu* à Molière « qui laissa dans ses manuscrits le titre de ' l'Homme de Cour ', projet d'ouvrage qu'il parut léguer en mourant à ses disciples » [7]. L'action montre

> le mouvement intérieur d'une cour dans laquelle se signale un ministre ambitieux qui domine son prince et les premiers seigneurs de l'état par sa supériorité frauduleuse, mais qui cependant mérita le surnom de grand homme, parce qu'il acheva d'abaisser les grands féodaux, qu'il seconda le génie des belles lettres, et qu'il se montra le soutien des droits de la France contre les brigues de l'étranger [8].

Richelieu sera-t-il disgrâcié et Louis XIII pliera-t-il devant la cabale organisée par la reine-mère, la reine, Gaston, frère du roi et divers grands seigneurs de la cour pour amener la chute de ce ministre trop puissant ? La technique d'exposition est à l'inverse de celle de *Tartuffe* : les premières scènes brossent un portrait de Richelieu selon ses ennemis, mais lorsque l'homme d'état paraît enfin à l'acte II, on mesure toute l'ampleur de sa solitude. L'éminence grise elle-même, le père Joseph, ne semble s'attacher à son ombre que dans l'espoir d'un chapeau de cardinal. Le ministre ne peut compter que sur son intelligence, son travail et sa ruse pour se maintenir au pouvoir, car le roi, incarnation d'une monarchie vacillante, n'est qu'un pantin entre les mains de tous. Pour soutenir l'intérêt dramatique, les coups de théâtre se succèdent. Louis XIII, d'abord gagné aux intrigues de Marie de Médicis et de la cabale, décide de révoquer son ministre. Pourtant, Richelieu, qui connaît les faibles de son prince, parvient à rétablir la situation dans une entrevue secrète, tandis que la reine-mère, qui l'ignore, répand le bruit de sa disgrâce et nomme ses favoris pour le remplacer. Les courtisans lâchent le premier ministre pour aller faire leur cour à la reine-mère dans l'espoir de gagner ses faveurs sous le nouveau régime. Mais Richelieu, qui en réalité n'a jamais été déchu de ses fonctions, réaffirme son autorité en lançant un mandat

---

7. *Ibid.*, p. vi.
8. *Ibid.*

d'arrêt contre les favoris des deux reines et en faisant exiler l'intrigante Marie de Médicis à Compiègne.

L'assouplissement de la versification et l'élégance du style rappellent la manière de Molière dont Lemercier, avec cette pièce, s'est institué « l'exécuteur testamentaire »[9]. Certaines scènes s'imposent, comme celle dans laquelle la reine-mère, que son royal fils essaie de réconcilier avec Richelieu, laisse peu à peu éclater sa colère contre son ancien protégé, dans une longue tirade de 83 vers. La tirade débute par des allures patelines. Devant Louis XIII, Marie de Médicis s'efforce tout d'abord de faire bonne contenance au premier ministre :

> Monsieur le cardinal...
> Je promets de vous rendre auprès de ma personne
> Les droits que votre esprit, vos rares qualités,
> Votre zèle constant ont jadis mérités.
> La rancune me pèse...

Elle commence par lui repprocher son ingratitude :

> Oui, baisez cette main. Vous m'avez outragée,
> Moi qui seule, hâtant vos progrès surprenans,
> Vous frayai le chemin des postes éminens [...]
> Homme injuste ! est-ce moi, moi, votre bienfaitrice,
> Qui cherchais à vous nuire ? Eh quoi ? par quel caprice
> Renverser aujourd'hui ce qu'hier j'élevai ? [...]

Elle lui représente ensuite que le crédit dont il jouit désormais auprès du roi il ne le doit qu'à son concours :

> C'était moi qui vantais vos prudentes manières,
> Votre discernement si pourvu de lumières,
> Votre esprit attentif à profiter de tout, [...]
> Ce fut moi qui prédis que vous seul à la France
> Rendriez sa splendeur et sa magnificence,
> Et que le roi par vous relèverait nos lis
> Par la Ligue, et l'Espagne, et l'Autriche avilis.
> Il me crut, vous choisit, vous combla de largesses.
> Enfin vous me devez grandeurs, pouvoirs, richesses [...].

Puis elle en vient au griefs personnels :

> Eh bien ! quels procédés en ont été le prix ?
> Bientôt à mes souhaits opposant vos scrupules,
> Vous m'osâtes blesser de refus ridicules.
> C'était peu ; non content de trahir ma maison,
> Vous avez accusé mes gens de trahison,

---

9. *Ibid.*, p. vii.

> Afin d'en exiler des confidentes sûres,
> Et de ne la remplir que de vos créatures.
> Vous m'avez disputé sans égards et sans foi
> Le tendre amour d'un fils, le cœur de votre roi ! [...].

Et s'emportant de plus en plus, imposant silence à Richelieu qui cherche à prendre la parole pour se justifier, elle finit par demander son renvoi :

> Un sujet à ses rois montrer autant d'orgueil ! [...]
> Non sire, non mon fils, [...]
> Dût-il hâter ma mort, je dois pour votre gloire,
> Vous forcer d'être roi, mon fils. Veuillez m'en croire,
> Chassez-le ; vengez-vous, épargnez à mes yeux
> L'insupportable aspect de cet ambitieux [10].

En partie destinée à mettre en valeur le talent de Mlle Contat à qui devait revenir le rôle, cette tirade est digne d'intérêt par sa facture et par le revirement psychologique qu'elle marque, en même temps que pour l'intérêt dramatique qu'elle ménage.

Quant à la satire, il s'agit d'une satire politique plutôt que d'une satire des petits défauts humains. L'auteur dénonce l'esprit de cabale, source d'anarchie, qui règne sous Louis XIII à travers tous les ratés et les incapables coupables de vouloir renverser le génie politique. Une scène satirique, à cet égard, est la scène 2 de l'acte V, dans laquelle le garde des sceaux, Marillac, qui se croit désigné à remplacer Richelieu, révèle quels seront ses premiers décrets : un palais, une garde du corps, une pompe ministérielle, somme toute, l'ostentation même que l'on reprochait à son prédécesseur. L'interlocuteur de Marillac résume ainsi la situation dans la réplique finale de la scène :

> Vous n'êtes pas de ceux qui renversent l'usage
> Que leur prédécesseur établit ; c'est fort sage.
> Les revers du ministre ainsi ne changeront
> Rien ; hormis que par nous les choses se feront [11].

La pièce fut reçue à l'unanimité par le Théâtre-Français en 1804, et la distribution des rôles devait être la suivante : Talma et Saint-Phal respectivement dans ceux de Richelieu et de Louis XIII, Mlle Contat et Caroline Talma dans ceux de Marie de Médicis et d'Anne d'Autriche. Mais la censure impériale, qui la jugea trop élogieuse pour l'Ancien Régime, y mit son veto. Dix ans plus tard elle devait être à nouveau interdite, cette fois pour des motifs

---

10. Acte IV, sc. 2.
11. Acte V, sc. 2.

totalement opposés : l'administration de Louis XVIII allégua en effet la caractérisation offensante du roi, personnage médiocre et indécis, pour justifier l'interdiction. Lemercier vit que son genre était condamné, les temps étant peu propices à la satire politique :

> La hauteur de mes vues dans l'invention du genre de LA COMEDIE HISTORIQUE, la puissance qu'il exercerait plus universellement que tout autre sur les esprits, l'utilité qu'il aurait pour l'instruction morale du vulgaire, et le châtiment que, par sa réussite, le rire infligerait aux intriguants civils, ecclésiastiques et militaires, aux grands et petits factieux, ou parvenus, ou assis au pouvoir, enfin à tous les fourbes qui se jouent des hommes et des empires, l'ont d'avance proscrit dans les obscurs comités des cabales qu'une noire malice engendra toujours et partout à ma suite, et dans les bureaux de la censure mutilatrice [12].

Richelieu fut donc la seule tentative en ce genre et l'on peut regretter qu'il n'ait pas été permis à Lemercier de persévérer dans cette voie.

Ses tragédies nationales n'eurent d'ailleurs guère plus de succès sous l'Empire, toujours pour des motifs politiques. La querelle qui l'opposa à Bonaparte à propos de sa tragédie de *Charlemagne* en fut à l'origine. De 1800 à 1804 Lemercier était devenu l'un des familiers de la Malmaison et le Premier Consul avait sans doute eu l'intention de se l'attacher en tant que poète de cour. C'était méconnaître le caractère ombrageux de Lemercier et ses convictions républicaines. Lors de la lecture de la pièce à la Malmaison, jugeant le sujet propice à l'annonce du sénatus-consulte qui devait sous peu le proclamer empereur, Bonaparte lui demanda d'introduire une scène de députation, venue, au nom du pape et du peuple romain, offrir à Charlemagne le titre d'empereur d'Occident. Malgré les promesses, puis les menaces, rien ne put déterminer Lemercier à se faire le complice de l'usurpateur en introduisant dans sa pièce un morceau de propagande destiné à préparer l'opinion publique, morceau qui serait d'ailleurs venu rompre l'unité d'action et pécher contre le goût littéraire en même temps que la vérité historique. La rupture définitive se fit lorsque Lemercier, après avoir en vain tenté de détourner le Premier Consul de ses projets ambitieux, lui renvoya sa croix de la Légion d'honneur le jour même du couronnement. De ce jour datèrent les persécutions du régime [13]. Toutes les pièces qu'il voulut porter à la scène furent

---

12. Avant-propos à *Richelieu, ou la journée des dupes*, pp. vii-viii.
13. Cf. Lepeintre, *op. cit.*, p. 9.

désormais interdites [14], et à plus forte raison les pièces nationales, qui se prêtaient davantage aux ciseaux de la censure. Il lui fallut attendre le régime censorial plus souple de la Restauration pour pouvoir écouler cette production dramatique accumulée depuis 1804. Mais l'affaire lui coûta « l'avantage d'être le premier à rouvrir la carrière des sujets nationaux » [15] car, outre *Charlemagne*, il tenait déjà en réserve à cette époque *Clovis* et *Louis IX en Egypte*. Ce fut donc avec une indignation frustrée qu'il se vit devancer dans son projet de donner une littérature dramatique nationale à la France par les Carrion-Nisas, les Legouvé et les Raynouard.

Charlemagne, qu'il tenait pour l'un de ses meilleurs ouvrages, affronta enfin les feux de la rampe le 27 juin 1816, avec Lafon dans le rôle de l'empereur et Mlle Georges dans celui de Régine. Mais la première représentation fut perturbée par une « poignée de cabaleurs » [16] qui empêchèrent d'entendre la seconde partie de la pièce. Lepeintre, dans sa notice sur Lemercier, en rend responsable « la partialité de certaines gens contre l'auteur, à cause de ses opinions » [17]. L'intrigue en est fort complexe, contrairement à celle de *Richelieu* : Charlemagne s'apprête à contracter un mariage politique avec Irène, impératrice de Byzance, en vue d'assurer la paix par l'union de leurs deux empires, tandis que l'ambitieux Astrade, comte de Thuringe, médite sa perte. Pour parvenir à ses fins, Astrade essaie d'abord de provoquer la jalousie de sa sœur, Régine, maîtresse de Charles, mais cette âme simple et aimante déclare n'avoir jamais convoité les honneurs de la pourpre. Elle tente pourtant de dissuader son royal amant de ses projets matrimoniaux en le mettant en garde contre la cruauté notoire d'Irène qui ne se fait pas scrupule d'assassiner ses époux pour mieux asseoir sa propre puissance. Charles, tout en lui renouvelant son amour, lui fait comprendre qu'il ne s'agit là que d'une manœuvre politique. Elle s'enfuit, éplorée, en jurant que le mariage ne s'accomplira pas. Astrade se promet de la venger, et, ayant appris qu'elle a donné à Charles un rendez-vous secret pour la nuit même afin de tenter une dernière fois de le fléchir par ses prières, il rassemble ses conjurés et annonce que l'occasion se révèle propice à leurs plans. Mais leur secret est par hasard découvert par le jeunes Hugues, fruit des amours illégitimes

---

14. A l'exception de *Plaute* en 1808 et de *Christophe Colomb* en 1809 ; mais la première pièce fut retirée de l'affiche après que des courtisans malveillants eurent montré à l'Empereur des allusions qui lui avaient échappé, et la seconde tomba bientôt sous la cabale montée par le préfet de police (*Ibid.*).
15. Voir Albert Le Roy, *L'Aube du théâtre romantique* (Paris : Paul Ollendorf, 1904), p. 179.
16. Népomucène Lemercier, *Frédégonde et Brunehaut* (Paris : Barba, 1821), préface, p. xix.
17. M. Lepeintre, op. cit., p. 10.

de Régine et de Charles. Pour s'assurer de l'impunité de l'entreprise, Astrade s'apprête à tuer l'enfant, mais l'arrivée opportune
de Régine, attirée par le bruit, l'en prévient. Il les fait mettre tous
deux en sûreté pour empêcher la divulgation du complot. Régine,
mise au courant par son fils, supplie Astrade de renoncer à son
projet représentant les bienfaits de l'empereur envers son peuple
et la prospérité du pays. Enfin, à bout d'arguments, elle lui déclare
qu'elle a fait parvenir à Charles un billet annulant le rendez-vous.
Astrade fait intercepter le billet, tandis que Régine, inquiète, décide
de se rendre au lieu de l'entrevue, un poignard à la main, pour tenter
dans un suprême effort de sauver son amant. Astrade et ses
conjurés s'apprêtent à frapper l'empereur dans l'obscurité quand
survient une ronde nocturne. Astrade, que sa présence armée accuse,
se justifie par un mensonge. Quant à Régine, désignée également
par le poignard qu'elle tient à la main, elle refuse généreusement
de démentir son frère. L'empereur, qui la croit poussée à la vengeance par jalousie, fait preuve de clémence au nom de leur amour.
Astrade, se croyant alors hors de danger, décide de précipiter son
forfait, en s'assurant auparavant du silence définitif d'Hugues.
Il charge son écuyer de se débarrasser de l'enfant, mais l'écuyer,
touché de pitié, lui laisse la vie sauve. Régine, en apprenant l'abo-
minable projet de son frère, se refuse à le couvrir davantage et
ordonne à Hugues de dévoiler ce qu'il sait. Pourtant l'enfant, dans
sa candeur, donne un témoignage qui accuse jusqu'à sa mère.
Charlemagne convoque alors les grands de sa cour afin de convenir
du châtiment des conjurés : Astrade est condamné à mort, moins
pour avoir trahi l'empereur que pour avoir médité l'assassinat
de son neveu, tandis que Régine est innocentée par la découverte
du billet qui annulait le rendez-vous. A Charles, confus d'avoir
un instant soupçonné sa générosité et sa fidélité, elle annonce
qu'elle se retire du monde pour aller chercher la paix d'un couvent,
et qu'elle emmène son fils avec elle pour le soustraire à l'influence
néfaste de la cour. La pièce se termine sur une prière de Charlemagne demandant à Dieu de l'éclairer dans sa tâche.

Mais la complexité de l'action ne s'arrête pas là ; sur cette intrigue principale viennent en effet se brancher des intrigues secondaires : la situation politique qui pousse l'empereur à vouloir la
paix en concluant le mariage avec Irène, les brigues du fils du roi
de Bavière pour venger son père que Charles a condamné juste-
ment à l'exil, enfin la trahison de Pépin, troisième fils de l'empereur,
qui, en donnant son appui au complot d'Astrade, vise le trône dont
son père l'a éloigné en faveur de ses deux aînés. On voit que la
demande de Bonaparte, qui suggérait l'addition d'une scène de
couronnement n'aurait guère contribué à la simplicité de l'action.
L'intrigue, qui mêle l'élément politique historique à l'élément amou-

reux fictif, se perd dans les détails et rebondit par coups de théâtre jusqu'à la fin, où seulement éclate l'innocence de Régine, ne laissant que peu de place à l'étude de caractères. En fait, la psychologie de Charlemagne reste à l'état rudimentaire : chez cet empereur qu'on peint comme un patriarche débonnaire, pacifique et clément, l'ambition semble l'emporter sur les sentiments. Il est un instant aveuglé par l'erreur, et la morale de la pièce met l'accent sur la faillibilité des rois. Lemercier lui prête pourtant de beaux accents patriotiques dans une tirade qui condamne les prétentions des conjurés :

> Que veulent-ils ? régner ?... Eh ! peuvent-ils connaître
> Tous les devoirs d'un roi qui sait et qui veut l'être ?
> Novices dans son rang, auraient-ils comme lui,
> Ce vieil amour des lois dont son sceptre est l'appui,
> Un cœur désabusé du faste despotique
> Et brûlant pour l'état d'un feu patriotique,
> Fidèle à son pays, jaloux de ses confins,
> Triste de ses revers, fier de ses beaux destins,
> Et n'aspirant, pour prix de la publique gloire,
> Qu'à l'hommage éloigné de l'équitable histoire ? [18].

Quant à la tragédie de *Clovis*, composée dès 1801, elle dut, comme *Charlemagne*, attendre la chute de l'Empire. Mais la Restauration ne vit pas non plus sa représentation à cause des discordes qui divisèrent les comédiens du Théâtre-Français à son sujet. Lemercier publia pourtant la pièce en 1820, estimant qu'à travers son sujet « la monarchie des Bourbons ne devait pas s'offusquer d'une restitution de vérité historique qui n'atteignait qu'un Mérovingien » [19]. Conçue vers la même époque que *Charlemagne*, *Clovis* offre « un vaste tableau de la conversion politique et religieuse de l'Europe encore barbare » [20] et une complexité d'intrigue pour le moins aussi grande. Le vieux roi de Cologne, Sigebert, craint l'ambition démesurée du roi des Francs et déplore l'ascendant que ce Clovis a su prendre sur son propre fils, Chlodoric. A l'annonce de la visite imminente de Clovis, de passage aux frontières avec son armée, il soupçonne un piège, mais Chlodoric loue les vertus et la générosité de son héros qui lui a promis la main d'une captive, Edelinde, dont il est amoureux. Une fois à la cour de Sigebert, Clovis lève le masque de l'amitié et, prenant prétexte d'un traité conclu avec le roi de Bourgogne, fait emprisonner le vieux roi comme traître. Chlodoric comprend alors, mais trop tard, que son héros

---

18. Acte V, sc. 6.
19. Voir A. Le Roy, *op. cit.*, pp. 195-96.
La pièce fut finalement représentée au Théâtre-Français le 7 janvier 1830 dans la dernière année du règne de Charles X.
20. N. Lemercier, préface à *Frédégonde et Brunehaut* (Paris : Barba, 1821), p. ix.

n'est qu'un usurpateur sans scrupules. Il aide son père à s'échapper et à se cacher, tandis que le peuple manifeste son hostilité envers Clovis. Celui-ci comprend qu'il lui faut composer avec Chlodoric. Par l'intermédiaire de son ministre Aurelle, il l'assure de la couronne et de sa clémence à condition que lui soit révélée la cachette du traître. Aurelle, interprétant les pensées secrètes de son maître, pousse Chlodoric au meurtre de son père qu'il lui représente comme le seul obstacle entre le trône et lui. Si Chlodoric refuse de se faire le complice de Clovis, la vie d'Edeline sera en danger. Le jeune prince, acculé à un choix douloureux, met Sigebert au courant de l'affreux marché de Clovis, et le vieux roi propose de s'offrir lui-même à la fureur homicide du monstre pour conserver le trône à son fils. Malgré le refus indigné de Chlodoric, il se donne la mort en expliquant son geste dans un billet écrit de son sang. Pour mieux le venger, Chlodoric feint envers Aurelle d'avoir scellé leur accord par cet assassinat, et la nouvelle est portée à Clovis en présence d'Edelinde, qui, ignorant la supercherie, voue au parricide une haine éternelle. Clovis feint de se croire désormais assuré de la fidélité de son comparse et de lui offrir la couronne. Chlodoric, pour mener à bien sa vengeance, lui tend alors l'appât d'un trésor découvert dans les souterrains où son père avait trouvé refuge, mais son plan est différé par l'arrivée des députés de l'état qui somment Clovis de nommer un chef pour remplacer Sigebert, déposé. Clovis, pour lequel Chlodoric est devenu trop dangereux et qui tient en mains les atouts pour le perdre, le livre alors comme parricide, indigne de prendre la succession. Voyant sa vengeance lui échapper, celui-ci se lave de l'accusation et se jette sur l'hypocrite pour le frapper, mais on le désarme et il est condamné à mort. Cependant Edelinde, à qui la découverte du billet sanglant de Sigebert a dessillé les yeux, vient brandir la preuve de l'innocence de son amant et supplier Clovis de suspendre l'exécution. Celui-ci feint de se rendre à l'évidence, tout en sachant qu'il est déjà trop tard, et, tandis que les députés lui offrent la couronne, Edelinde se donne la mort après avoir prédit au tyran l'anarchie qui succèderait à son règne et l'extinction de sa dynastie abhorrée.

Les procédés dramatiques, on le voit, sont les mêmes que dans *Charlemagne* : fausses accusations, billets révélateurs, intervention opportune de certains personnages qui viennent provoquer des revirements de situation, coups de théâtre. Çà et là, des reminiscences historiques confèrent à la pièce un caractère d'authenticité, tel le rappel de la victoire de Clovis à Tolbiac [21], ou encore

---

21. Acte I, sc. 1, et acte II, sc. 3.

celui de sa vengeance célèbre à propos du vase de Soissons [22]. Le
tableau de la conversion religieuse de l'Europe barbare, que se
proposait Lemercier, montre un Clovis qui a donné sa foi au dieu
de son épouse, Clothilde, depuis la victoire de Tolbiac, les craintes
de Sigebert devant cet impie qui renverse les autels des dieux
établis pour les remplacer par le symbole de sa nouvelle croyance,
enfin la ferveur de Chlodoric récemment converti sous l'influence
d'Edelinde. Tous deux, dans une belle scène, raffermissent leur foi
devant l'adversité de la fortune. Edelinde déplore leur destin d'âmes
vertueuses égarées dans un siècle de crimes :

> Que n'ai-je respiré sous un âge plus doux ! [23]

tandis que Chlodoric invoque la grandeur d'âme chrétienne qui
leur permettra de surmonter les épreuves :

> Sous des astres sereins, et des siècles tranquilles,
> Heureux penchants de tous, les vertus sont faciles.
> Mais quand on les proscrit, c'est alors qu'il est beau
> De hâter noblement ses pas vers le tombeau [24].

Quant au tableau de la conversion politique de cette Europe barbare, il tient au portrait de Clovis. Lemercier a fait du personnage
une sorte de Tartuffe tragique, guerrier ambitieux et sans scrupules
qui se sert de sa nouvelle religion pour mieux conquérir l'Europe,
monstre d'hypocrisie qui ne recule devant aucun crime pour agran-
dir ses conquêtes. Avec cette peinture du triomphe du crime sur
la vertu, l'auteur déclara que son intention avait été de prendre le
contrepied de cette « poésie [qui] s'est souvent dégradée en rele-
vant sous des couleurs prismatiques le portrait des scélérats
illustres qu'elle ne montre que de leur beau côté » [25], mais il se
défendit d'avoir fait allusion à quelque circonstance de l'actualité,
alléguant que la pièce avait été conçue et composée dans les premières années du Consulat. Il avoua pourtant que ce fut son « aver-
sion invétérée pour la tyrannie » qui lui « suggéra le dénouement
de cette pièce sur Clovis, héros qu'on n'y voit puni que par la honte
de son plein triomphe et par l'horreur de son couronnement qui
ne lui laisse pour satisfaction que le néant d'une fausse gloire » [26],
et il est permis de croire que ce fut le souvenir d'une certaine
tyrannie dont il avait eu à se plaindre qui lui inspira, après coup,

---

22. Acte I, sc. 2.
23. Acte III, sc. 4.
24. *Ibid.*
25. Voir A. Le Roy, *op. cit.*, p. 198.
26. Voir A. Le Roy, *Op. cit.*, p. 197.

quelques remaniements, et que sa plume le vengea ainsi des déboires de *Charlemagne*.

La date de la première représentation de *Louis IX en Egypte*, également conçu vers la même époque, fut mal choisie. Le 5 août 1821, la pièce arrivait en effet deux ans après le *Louis IX* d'Ancelot qui lui ravit son succès. Contrairement à Ancelot dont les opinions royalistes étaient connues, on pouvait s'étonner de ce que Lemercier, qui avait toujours montré ses convictions républicaines au plus fort de l'Empire, ait ainsi choisi de porter au théâtre un sujet glorifiant la royauté en la personne de Saint Louis. La réponse du poète, qui montre son anti-conformisme foncier, fut la suivante : « Les opinions du jour qui repoussaient ce saint couronné, en haine des préjugés du nôtre, ne m'arrêtèrent point » [27]. Pourtant, sous la Restauration, ses motifs furent moins désintéressés. En cherchant à faire représenter une pièce qu'il savait flatteuse pour la monarchie, son intention secrète était de rentrer dans les bonnes grâces de Louis XVIII, offensé par la *Démence de Charles VI*. Il alla même jusqu'à plaider pour que le roi levât son veto contre cette dernière tragédie. Ce fut en vain, car, aux yeux de Louis XVIII, les éloges que lui prodiguait la première n'allaient pas jusqu'à oblitérer les vices qui entachaient la seconde.

Il s'agissait, comme avec les deux précédentes, d'une tragédie d'intrigue : chassés par la peste et la famine, Louis IX et ses Croisés sont tombés au mains du soudan d'Egypte, Almadan. Louis, sur l'avis de ses chevaliers, refuse de se désigner, et Almadan, dans l'espoir de la rançon royale, suspend ses coups. Entre temps, il cherche à dépouiller de son héritage sa belle-mère, Isaïde, veuve de l'ancien soudan dont il tient le pouvoir, et redoutant ses intrigues, il l'exile. Mais Isaïde prépare sa vengeance contre l'ingrat. Dans ce but, elle fait appel à Octaïr, chef des mamelucs qui s'est illustré dans la guerre contre les croisés, et lui offre le trône et son amour s'il consent à la débarrasser du soudan. Cependant, Louis, pour épargner à ses chevaliers les malheurs de la captivité, décide de se nommer à leur insu. Almadan lui offre la vie et la liberté au prix d'une conversion à la religion de Mahomet. Louis refuse et se prépare au martyre en réaffirmant sa foi et son espoir en Dieu. Octaïr poussé par Isaïde, s'apprête à frapper Almadan, endormi après une journée de rudes combats, mais Louis, témoin de la scène, sauve le soudan en donnant l'alerte. Celui-ci, par reconnaissance, s'engage alors à lui rendre la liberté ainsi qu'à ses chevaliers, contre la ville de Damiette, restée française, et contre un otage qui doit

---

27. Voir A. Le Roy, *op. cit.*, p. 202.

rester comme garant de cette promesse. Les Français se réjouissent à l'idée de revoir bientôt la patrie, quand on vient leur annoncer la mort d'Almadan, assassiné par ses troupes qui se sont mutinées à l'apprêt du supplice d'Octaïr et d'Isaïde. Octaïr, désormais chef, réitère le chantage religieux déjà proposé par Almadan. Louis et ses chevaliers choisissent encore une fois la mort. Mais, sur l'intercession d'Isaïde, Octaïr finit par leur faire grâce, et, étonné de la grandeur d'âme du roi français, tente une dernière fois de le gagner à la cause de Mahomet en lui offrant, à sa place, le commandement de l'Egypte. Louis refuse et part avec ses chevaliers terminer la croisade avant de reprendre le chemin de la patrie.

Le fond historique est tiré de l'histoire des croisades tandis que l'intrigue secondaire, représentée par les personnages fictifs d'Isaïde et d'Octaïr, est manifestement un procédé dramatique conçu dans le style racinien le plus pur. Sorte de Phèdre et de Roxane tout à la fois, Isaïde, dans une tirade imitée de l'aveu de Phèdre, s'ouvre à sa confidente de sa passion secrète pour Octaïr. Pourtant, nouvelle Roxane, elle déclare qu'elle saura bien le faire disparaître s'il résiste à ses projets [28]. Quant à Almadan, Lemercier en fait une sorte de Clovis égyptien, hypocrite, cruel et cupide. Même son traité final avec Louis n'est qu'une feinte, et il l'avoue à son confident [29]. Face à ces personnages raciniens domine le caractère de saint Louis, fidèlement retracé tel que nous l'a laissé l'histoire : celui d'un roi vertueux, généreux, inébranlable et incorruptible dans ses convictions religieuses. Son profond amour de la justice est évoqué, selon une image célèbre de l'histoire de France, dans la prière finale qu'il adresse à Dieu avant de repartir pour Jérusalem :

Fais que Vincennes encore me voie en paix m'asseoir
Sous ce chêne élevé dont l'ombrage propice
Servit de dais champêtre à ma simple justice [30].

Plus encore qu'avec Clovis, il s'agit là d'une tragédie religieuse, et Lemercier lui-même déclarait que le sujet de la pièce était « la lutte entre le Coran et l'Evangile, entre Mahomet impitoyable et Jésus, porteur de la bonne nouvelle » [31]. Ici en effet, le christianisme est le ressort tragique, comme dans Polyeucte ou Zaïre, et non plus seulement un tableau d'étude, comme dans Clovis : Louis encourt la mort pour ne pas vouloir abjurer sa foi en faveur de la

28. Acte I, sc. 1.
29. Acte IV, sc. 4.
30. Acte V, sc. 6.
31. Voir A. Le Roy, op. cit., p. 202.

religion de son geôlier. L'inspiration de la pièce, à la fois royaliste et religieuse, se révèle différente de celle des deux premières et l'on peut considérer *Louis IX* comme étant à part dans l'œuvre de Lemercier.

Baudoin empereur prend également son point de départ dans une anecdote de l'histoire des croisades où il est dit que « la comtesse Marie mourut de joie le jour que Baudoin, son époux, lui fit savoir qu'elle était reine » [32]. En fait, l'histoire ne joue que très peu de place dans cette tragédie, et Lemercier ne se fait pas faute de broder selon son imagination. L'ambitieuse Marie, nièce de Philippe-Auguste, pousse son époux Baudoin au trône de Byzance resté vacant. Dans ce but, elle corrompt l'armée des deux autres prétendants, mais ses brigues sont découvertes par le conseil des électeurs qui menace de ne pas prendre Baudoin en considération. Pourtant, celui-ci est finalement élu, grâce au désistement en sa faveur de l'un des prétendants, le vieux et vénérable doge de Venise. Marie, folle de joie, ordonne les préparatifs du couronnement, mais elle meurt au faîte de sa gloire, empoisonnée par le troisième prétendant, Montferrat, dont elle avait elle-même cherché à se débarrasser pour assurer le trône à son époux.

La pièce est caractéristique de la manière de l'auteur par les effets théâtraux et la fatalité externe qui gouvernent l'action, quoique l'intrigue soit plus restreinte que de coutume. Elle devait être représentée en 1808, mais devant la mauvaise volonté des acteurs, voyant que les répétitions languissaient, Lemercier fut obligé de la retirer : elle n'affronta le public que le 9 août 1826, pour être d'ailleurs sifflée. Comme pour *Charlemagne*, on peut imputer son manque de succès au vieillissement rapide de ce genre de tragédie. Sous l'Empire, il est probable que ces pièces eussent été applaudies ne serait-ce que pour l'originalité des sujets. Vers 1820, ce n'était plus le cas : une nouvelle vague d'auteurs dramatiques s'était révélée qui entendait le disputer âprement à Lemercier dans le domaine des pièces nationales.

Ses deux dernières tragédies furent composées sous la Restauration. Malgré ses déboires avec la censure impériale, il n'avait pas encore abandonné le genre. Pourtant, d'autres déboires censoriaux l'attendaient avec *La Démence de Charles VI*. La pièce, qui devait être représentée à l'Odéon le 25 septembre 1820, fut en effet interdite par décision du conseil des ministres. Elle fut toute-

---

32. M. Lepeintre, *Fin du Répertoire du Théâtre-Français* (Paris : Veuve Dabo, 1824), vol. II, avertissement à *Baudoin*, p. 178.

fois publiée la même année, et Lemercier se justifia dans un avertissement en invoquant son but moral et patriotique : « Cette
peinture, tracée dans une intention à la fois monarchique et patriotique, eût montré que les discordes civiles ne tendent jamais
en définitive qu'à l'aliénation des droits héréditaires de la couronne,
et qu'au démembrement ou à la perte totale du pays, vendu par les
factions à l'étranger » [33]. A la censure, qui jugeait irrespectueux
vis-à-vis de la majesté royale de montrer sur scène un souverain
dément, il répliquait :

> C'est servir la royauté et la patrie que de présenter au
> public l'image des attentats et des trahisons qui les
> perdent toutes deux ensemble. Ce n'est point dégrader la
> souveraine majesté des trônes que d'attendrir générale-
> ment sur les profondes misères qui les font quelquefois
> chanceler. Les rois sont hommes ; et comme tels, ils
> ont besoin de trouver du secours dans le cœur des
> hommes [34].

Il laissait en même temps percer son amertume à l'idée des sacri-
fices littéraires que lui imposait la politique du jour : « Je ne
pensais pas, lorsque je ne m'occupais [...] qu'à peindre les grandeurs
ou les adversités de mon pays, pour inspirer à mes concitoyens
l'enthousiasme de leur gloire ou le courage de leur infortune, que
je serai arrêté dans mon projet de leur donner un ' Théâtre national ', par tous les gouvernements et par les mêmes genres d'obstacles » [35].

L'intrigue est quelque peu réduite par rapport aux premières
tragédies et la fidélité à l'histoire plus marquée. La France se
trouve au plus fort de la guerre de cent ans. La reine, Isabelle de
Bavière, et le duc de Bourgogne soutiennent les prétentions d'Henri
V d'Angleterre au trône de Charles VI, incapacité par sa démence.
Isabelle propose au duc une alliance contre le dauphin, son fils,
qu'elle hait pour l'avoir exilée à Tours et perdue dans l'esprit du
roi. Elle lui enjoint de profiter de l'entrevue que le dauphin lui a
fixée à Montereau pour convenir d'un traité, et là de le faire prisonnier et d'anéantir ses droits au trône. Pourtant, dans un entre-
tien avec son fils, auquel elle prodigue des témoignages de son
affection maternelle, elle offre un plan opposé : le dauphin doit
dresser un piège à Bourgogne lors de la rencontre, afin de mettre
un terme à l'ambition de ce traître, vendu aux Anglais. En fait

---

33. Népomucène Lemercier, *La Démence de Charles VI* (Paris : J.-N. Barba,
1820), avertissement, pp. v-vj.
34. *Ibid.*, p. ix.
35. *Ibid.*, p. vij.

son véritable dessein est de se débarrasser des deux, avant de conclure une alliance avec Henri V auquel elle donnera sa fille Catherine en mariage pour assurer l'union des deux couronnes sous l'égide de l'Angleterre. Cependant, le dauphin se refuse à attirer le duc dans un guet-apens, tandis que Duchâtel, gentilhomme qui lui est attaché, décide en secret de le débarrasser lui-même d'un ennemi aussi dangereux. La vision de la déchéance du roi dément le confirme dans sa décision. La reine apprend l'assassinat du duc par l'ambassadeur anglais qui la presse alors de faire signer au roi un acte condamnant le crime du parti du dauphin, et assurant le trône de France à la succession d'Henri et de Catherine. Profitant d'une crise de démence de son époux, Isabelle lui révèle l'assassinat du duc qui suspend l'espoir d'une paix entre Armagnacs et Bourguignons, dénonce le dauphin comme coupable, et finit par lui arracher l'acte fatal. Cependant, le dauphin blâme Duchâtel de son acte irréfléchi, dont l'opprobre va peser sur sa propre personne et qui risque de provoquer une série de troubles civils que l'Anglais saura mettre à profit pour faire des progrès en France. Il lui représente également que le crime a fait le jeu de la reine qui n'attendait que cette occasion pour le déshériter. Or, le roi, qui entre temps a retrouvé la raison et la majesté de son rôle, demande à le voir. Le dauphin, craignant un courroux que lui laisse supposer la sentence d'exil, est surpris de son accueil affectueux, et se rend bientôt compte que le pauvre dément ne se souvient de rien. Il lui expose la situation en lui jurant son innocence. Charles, honteux de l'arrêt cruel, arraché dans un moment de délire, qui désavoue son propre fils en offrant le sceptre à l'Angleterre, paraît en justicier au conseil rassemblé par Isabelle, dénonce les infâmes trahisons de celle-ci, et clame l'innocence du dauphin en déclarant nul l'acte qu'on lui a fait signer, tandis que le dauphin, dans un geste de défi envers la reine et ses conseillers, annonce qu'il part rejoindre un renfort d'Ecossais afin de continuer la lutte sans merci contre l'usurpateur anglais jusqu'à la victoire finale.

On comprend pourquoi la pièce fut censurée par l'administration de Louis XVIII. Outre qu'on y vit une attaque à la majesté d'un des descendants de saint Louis, un sujet montrant la France tiraillée entre les partis et livrée aux Anglais par les grands du royaume rappelait trop aux Français de 1820 que les Bourbons avaient reconquis leur trône avec l'aide de la perfide Albion. En fait, avant même qu'ait été donnée l'interdiction du conseil des ministres, les coupures de la censure dramatique portaient sur cette situation équivoque. Ainsi fut censuré le discours d'ouverture du duc de Bourgogne :

> Malheur à l'imprudent de qui la confiance
> Attend de l'étranger quelque sûre alliance !

> L'ennemi de l'état, qu'il croit s'associer,
> Le punit du désir de s'en faire appuyer,
> Et l'achetant au prix des traités qu'il réclame,
> Ne lui vend qu'une erreur et que le nom d'infâme,
> Qui, donnant à chacun le droit de le haïr
> L'arrache au seul parti qu'il n'eût pas dû trahir [36].

Ou encore cette tirade d'Isabelle de Bavière :

> C'est trop flotter sans cesse en des partis contraires
> Qui nous font accuser des publiques misères
> Et me condamnent même à tenir des Anglais
> Un sceptre que je veux ne devoir qu'aux Français [37].

Certains passages mutilés avaient trait au respect des lois et des promesses de constitutionalité, tels les vers suivants :

> ... un prince doit savoir
> Que la foi des serments est son premier devoir [38].

On sait que Louis XVIII, avant de monter sur le trône, avait promis aux Français une charte qu'il se hâta d'oublier une fois institué. Une allusion aussi directe à cet oubli ne pouvait être que malvenue et irriter le souverain contre l'auteur impertinent qui se la permettait.

Quant à l'aspect moral et patriotique du sujet sur lequel Lemercier insistait dans l'avertissement, c'est le parti du roi et du dauphin qui le représente, face à l'anarchie et à la trahison qui règnent, laissant la France dévastée et livrée à la convoitise étrangère : « C'est à la race du père et du fils que j'ai rattaché l'espoir de la monarchie régénérée par LES LOIS. Une si grande leçon n'avait rien que d'utile et de favorable aux principes fondamentaux de l'Etat. » [39] Ce désir d'une monarchie constitutionnelle constituait le message de la pièce. Ainsi le dauphin répliquait-il à Duchâtel qui le pressait au meurtre du duc de Bourgogne :

> A qui se fîra-t-on si de tels attentats
> Partent des fils de rois et des chefs des états ?
> Ah ! si nous violons toutes lois légitimes,
> De quel droit dans nos cours punirons-nous les crimes ? [40]

---

36. Acte I, sc. 1.
37. Acte I, sc. 2.
38. Acte IV, sc. 4.
39. Avertissement, p. vj.
40. Acte II, sc. 1.

Deux éléments font de cette tragédie historique et politique un drame humain : d'une part, la démence du roi et les éclairs de raison qui, de temps à autre, lui révèlent l'étendue de sa déchéance, donnant lieu à de beaux vers sur la fragilité de la raison humaine [41], et, d'autre part, l'amour qui unit Charles au dauphin et confère à la pièce une certaine chaleur au milieu de la haine des factions et des sentiments dénaturés d'Isabelle pour son propre fils. [42] La pièce marque un tournant dans la manière de Lemercier : l'orientation vers la tragédie de caractère avec l'importance particulière accordée aux personnages du roi et du dauphin. En fait, les scènes où paraît Charles VI sont avant tout des scènes lyriques dans lesquelles l'action progresse peu. Le personnage est tragique par excellence, et Lemercier en a fait une sorte de roi Lear déchu, rattaché au monde uniquement par l'affection qu'il porte à son enfant qu'il a déshérité dans une crise de démence. De par la beauté et le lyrisme de certaines scènes, de par le drame humain heureusement incorporé à l'intrigue historique, on peut considérer *La Démence de Charles VI* comme le chef-d'œuvre de Lemercier.

La dernière en date de ses tragédies nationales, *Frédégonde et Brunehaut*, fut représentée à l'Odéon le 27 mars 1821 où elle connut un demi-succès avec Joanny dans le rôle de Chilpéric, Mlles Humbert et Guérin respectivement dans ceux de Frédégonde et de Brunehaut, et Victor dans celui de Mérovée. Pour assurer le trône à sa propre descendance, Frédégonde s'est débarrassée du frère de son époux, Chilpéric, ainsi que du fils aîné de celui-ci par un premier mariage, et elle médite la perte du fils cadet, Mérovée, héritier présomptif de la couronne. Or, Brunehaut, veuve du frère assassiné et prisonnière de sa rivale, a réussi à séduire Mérovée et à l'épouser afin de conquérir sa liberté en même temps que son pouvoir. La pièce s'ouvre sur la colère de Frédégonde et de Chilpéric, avec la fuite des deux époux à Rouen chez Prétextat, l'archevêque qui les a unis. Mais Mérovée en épousant Brunehaut a fait le jeu de Frédégonde, qui incite Chilpéric à châtier cette preuve manifeste d'indiscipline et de traîtrise. Chilpéric poursuit les fugitifs jusqu'à Rouen pour les immoler à sa vengeance, mais il est arrêté dans son dessein par Prétextat qui invoque le droit d'asile. Frédégonde, accourue sur ses pas, le blâme de s'être laissé fléchir et soudoie secrètement deux assassins pour se débarrasser de Brunehaut. Celle-ci, échappée au danger grâce à la vigilance d'un serviteur, tente à son tour de faire tuer Frédégonde. Les deux reines, dans une entre-

---

41. Acte II, sc. 5.
42. Cf. acte IV. sc. 4.

vue avec Chilpéric, qu'elles prennent comme arbitre de leur diffé-
rend, demandent chacune justice du crime de l'autre. Mais Chilpéric,
lassé de leur cruauté et de leurs intrigues, menace de les punir
toutes deux et finit par les laisser à elles-mêmes. Forcées à la ré-
conciliation, elles concluent un pacte, par lequel Brunehaut, comme
prix de sa liberté, s'engage à abandonner son époux aux desseins
de Frédégonde. Mérovée, auquel l'abandon de Brunehaut a ouvert
les yeux sur son caractère véritable, se laisse aller au désespoir
et invoque la mort qui arrive bientôt sous la forme d'une coupe
empoisonnée envoyée par Frédégonde. La pièce se termine sur
l'assurance de la toute-puissance future de Frédégonde et de sa
dynastie.

La peinture de deux reines rivales prend sa source dans la
Cléopâtre de Corneille et dans l'*Athalie* de Racine. En réunissant
ces deux grandes figures criminelles, Lemercier résume ainsi les
différences qui les distinguent :

> Dans l'une, le naturel de l'ambition féroce ; dans l'au-
> tre, la fureur suscitée par le ressentiment et le besoin de
> vengeance ; dans l'une la brutale énergie que déploie la
> tyrannie parvenue et la royauté de fortune ; dans l'autre
> l'aveugle présomption qui égare la royauté anciennement
> héréditaire ; l'une atroce et violente ; l'autre dissimulée,
> ingrate et hautaine ; enfin la première inculte dans son
> noir génie ; et la seconde cultivée par l'éducation de
> son rang illustre et par l'habitude des intrigues de cour [43].

Le dénouement, qui, comme dans *Clovis*, montre le triomphe du
crime, peut à première vue ne pas sembler moral, mais selon
l'auteur :

> la moralité de l'action résulte dans l'une et l'autre pièce
> de la seule horreur qu'inspire la victoire des méchants et
> de l'intérêt qui s'attache à l'infortune des bons [...]. Le
> mépris qui punit Brunehaut de sa lâche politique, et la
> haine prononcée des âmes contre Frédégonde sont de
> puissantes condamnations de leurs atrocités réciproques
> [...] au contraire, le crime châtié n'attire que trop souvent
> une détestable compassion [44].

Toujours selon Lemercier, il est également possible d'induire une
leçon de morale ordinaire de la conduite des personnages : de
Chilpéric, qui se laisse aveuglément gouverner par une épouse

---

43. N. Lemercier, *Frédégonde et Brunehaut* (Paris : Barba, 1821), préface, p. xiv.
44. *Ibid.*, pp. ix-x.

perverse, et du vertueux Mérovée qui, passionnément épris d'une femme beaucoup plus âgée que lui, est précipité par elle à sa ruine. On voit que, dans son désir de faire œuvre morale, Lemercier a tendance à exagérer les mérites de sa pièce. Quant à la vérité historique, il se vante de l'avoir scrupuleusement suivie jusque dans la scène du pacte invraisemblable des deux reines. Le fait est qu'il lui est resté fidèle, tout en se réservant le droit d'arranger les éléments de la chronique de façon dramatique : ainsi, il renonce à inclure le supplice de Brunehaut aux mains de sa rivale pour des raisons de chronologie et pour conserver l'unité d'action qu'il centre autour du sort de Mérovée.

L'intrigue témoigne d'une simplicité classique inconnue de ses premiers essais, et la tragédie est essentiellement une tragédie de caractère. En effet, à une époque où le romantisme commence à s'affirmer, Lemercier prend par réaction une orientation décidément classique en renouant avec la plus pure tradition antique de Sophocle et d'Euripide. A l'instar de ces poètes grecs, il décide d'employer les mobiles tragiques de la terreur et de la pitié et « de pousser l'épouvante et la compassion jusqu'au dernier terme. » [45] De là le spectacle sur scène de la douloureuse agonie de Mérovée que l'on pourrait considérer comme une insulte aux bienséances dans une tragédie faite par ailleurs selon le moule du XVIIᵉ siècle. « Me ferait-on tort », lance-t-il avec défi, « [...] d'avoir manifesté, en observant le respect des trois unités grecques et latines, que les écarts et l'indépendance du genre nommé romantique ne produisent point d'émotions plus profondes et plus vives que n'en fournit la seule application exacte de nos classiques règles dans les mouvements passionnés artistement circonscrits en de sages limites ? » [46]. En fait, Lemercier, qu'Albert Le Roy dans son ouvrage qualifie de demi-romantique, oscilla toute sa vie entre les deux tendances : si ses tragédies sont faites selon le moule classique, elles innovent pourtant par la matière prise dans l'histoire nationale ; s'il semble donner, vers la fin de sa carrière, dans la tragédie de caractère, comme le montre l'exemple de *Charles VI* et de *Frédégonde et Brunehaut*, l'ensemble de sa production favorise la tragédie d'intrigue à embranchements multiples, à fatalité externe et à coups de théâtre ; enfin, si ses pièces prétendent offrir le tableau de vastes ensembles historiques, force est de constater une absence complète de couleur locale et une similarité d'atmosphère frappante : la cour de Charlemagne, celles de Clovis et de Chilpéric,

---

45. *Ibid.*, p. xiij.
46. *Ibid.*, p. xij.

ou encore le camp du soudan d'Egypte, toutes rappellent les mœurs polies de la cour de Louis XIV, de par le langage des personnages et leurs intrigues galantes. Cette transposition d'époques barbares en un siècle courtois peut sembler pour le moins incongrue. Racine est évidemment là le grand modèle, et, à ce prix, Lemercier donne dans l'invraisemblance complète des mœurs. Pourtant, l'éventail de sa production dramatique a le mérite de faire le lien entre la littérature de l'Empire et celle de la Restauration.

DEUXIEME PARTIE

LE THÉATRE NATIONAL
SOUS LA RESTAURATION
(1814-1830)

CHAPITRE VI

TRAITS GÉNÉRAUX

La période de 1814 à 1830 devait voir de grands changements au théâtre, changements que laissaient présager certains traits de la littérature impériale. Des auteurs nationaux tels que Carrion-Nisas, Legouvé ou Lemercier, tout en conservant, on l'a vu, le moule classique du XVIIe siècle, innovaient en effet par d'autres côtés. Par ailleurs, la stérilité dans laquelle stagnait alors l'art dramatique exigeait des réformes. Le changement de régime, avec la chute de l'Empire, allait favoriser et hâter cette évolution. La première réforme bénéfique qui résulta du retour des Bourbons fut le relâchement de la censure. Après la discipline sévère de l'époque impériale, le pays attendait de Louis XVIII des réformes libérales : l'article 8 de la Charte promit aux Français la liberté de pensée à condition de « se conformer aux lois qui doivent réprimer les abus de cette liberté. »[1] Pourtant, le 21 octobre 1814, la censure était rétablie en espèce. Mais l'équipée des Cent jours devait renverser la situation : Napoléon, conscient de la nécessité de certains compromis s'il voulait rasseoir son autorité sur des bases solides, se résolut à abolir la censure et la direction de la Librairie le 24 mars 1815. Dans l'article 64 de l'Acte additionnel aux Constitutions de l'Empire, rédigé à sa demande par Benjamin Constant, il accordait une liberté totale d'impression et de publication[2]. Malheureusement pour les auteurs, cet âge d'or ne devait pas durer : avec la deuxième Restauration et l'exil de l'empereur à Sainte-Hélène, l'administration de Louis XVIII rétablit encore une fois la censure tout en relâchant la rigueur qui avait été celle de l'Empire jusqu'en 1814[3]. C'est ainsi

---

1. H. Welschinger, *op. cit.*, p. 50.
2. *Ibid.*, p. 51.
3. Sur les changements relatifs au nombre des théâtres et à la spécialisation de leurs répertoires voir Eugène Lintilhac, *Histoire générale du théâtre en France* (Paris : Flammarion, 1910), V, 9-10.

que les *Etats de Blois* de Raynouard, frappés d'interdit depuis 1810, purent être représentés à partir du 31 mai 1814, tandis que l'œuvre nationale de Lemercier, qui attendait depuis 1804 de se faire connaître, voyait enfin se lever le veto des censeurs. Cet assouplissement du régime censorial fut une aubaine pour le théâtre et particulièrement pour le théâtre national. La Restauration marque l'essor du genre qui n'attendait que des conditions plus favorables pour se développer.

Comme sous la période précédente, certaines époques de l'histoire de France sont l'objet de la prédilection des auteurs : ainsi, la vogue du pré-Moyen-Age et celle du Moyen-Age continuent [4], mais à partir de 1826 la mode semble être au XVIᵉ siècle avec une faveur marquée pour l'épisode de la Saint-Barthélémy [5] et le règne de Henri III. [6] Pourtant, à part le *Henri III et sa Cour* de Dumas père qui reçut l'appui du baron Taylor, aucune des pièces sur le XVIᵉ siècle ne fut représentée : destinées uniquement à la lecture, elles appartiennent en effet au genre des « Scènes historiques », genre intermédiaire entre le théâtre et le roman, qui se développe de 1823 à 1830 [7] et dont Musset se souviendra pour sa conception du théâtre dans un fauteuil. La plupart n'étaient pas jouables en raison des difficultés matérielles qui s'attachaient à leur mise en scène, tandis que certaines autres, qui l'étaient, se heurtèrent à la censure et durent se contenter de la publication, jugée moins susceptible d'amplifier les passions individuelles que le théâtre, lieu de rassemblement public. Ainsi, Vitet, qui chercha en vain à faire représenter ses *Etats de Blois* en 1828 après leur éclatant succès en librairie, déplorait-il dans la préface à la troisième édition de la pièce : « L'histoire est aujourd'hui proscrite à l'égal de la satire, et l'on s'obstine à croire que reproduire le passé sans l'altérer, c'est vouloir faire injure au présent. » [8] En effet, certains sujets continuaient à être frappés de veto : le règne de Charles VI était interdit par respect pour la majesté royale, ce qui fut cause de la décision du conseil des ministres vis-à-vis de *La Démence de Charles VI* de Lemercier ; quant au *Charles VI* de Laville de Mirmont, il n'obtint son laissez-passer qu'après bien des coupures en 1826, quelques mois seulement avant la mort de Talma dont ce fut la dernière création. [9] Pour les mêmes raisons,

---

4. Voir notre chapitre sur « La Tragédie nationale sous la Restauration, » pp. 90-108.
5. Voir notre chapitre sur « Roederer, » pp. 116-118.
6. Voir notre chapitre sur « Vitet », p. 129, note 18.
7. Voir à ce sujet Marthe Trotain, *Les Scènes Historiques : étude du théâtre livresque à la veille du drame romantique* (Paris : Champion, 1923).
8. Ludovic Vitet, *Les Etats de Blois* (Paris : Fournier, 1829), p. vi.
9. Th. Muret, *op. cit.*, II, 125.

le règne de Louis XIII, un Bourbon, était le malvenu auprès des censeurs : Lemercier se vit refuser la représentation de son *Richelieu* en 1814, et Lacroix, celle de sa *Maréchale d'Ancre* en 1828[10], tandis que la *Maréchale d'Ancre* de Vigny et la *Marion de Lorme* d'Hugo devaient attendre la Révolution de Juillet pour affronter les feux de la rampe. Quant aux sujets nationaux récents, les auteurs qui s'y intéressèrent durent renoncer à la scène et se contenter de la publication : la Révolution et l'Empire inspirèrent ainsi un grand nombre de scènes historiques de 1828 à 1830[11]. Et pour ce qui est de la comédie nationale, les motifs qui en avaient prévenu le développement sous le régime précédent empêchèrent également son essor sous la Restauration : une administration qui bannissait de la scène le règne de Charles VI par respect pour la royauté ne pouvait logiquement admettre le rire et la satire aux dépens des grands noms de l'histoire de France, et le trio Loeve-Veimars, Romieu et Vanderburch, les collaborateurs Dittmer et

---

10. A. de Vigny, *Œuvres Complètes* (Paris : Louis Conard, 1827), vol. II, notes et éclaircissements de Fernand Baldensperger, p. 353.

11. Ces pièces en prose, qui furent publiées de 1828 à 1830 et dont voici la liste, tiennent avant tout du document. Une étude littéraire de ces ouvrages se révélerait donc vaine.

Pour les événements de la Révolution, on compte les pièces suivantes :

Armand René Duchatellier, *La Mort de Louis XVI, scènes historiques, de juin 1792 à janvier 1793* (Paris : Moutardier, 1828).

Armand René Duchatellier, *Théâtre historique de la Révolution*. Deuxième livraison : *La Mort des Girondins*, drame en 5 actes (Paris : Rapilly, 1829).

Hippolyte Régnier d'Estourbet, *Les Septembriseurs, scènes historiques* [sur les massacres de septembre] (Paris : Delangle, 1829).

Quant à Charles Pierre Ducancel, dont les *Esquisses dramatiques du gouvernement révolutionnaire de France aux années 1793, 1794 et 1795* furent publiées en 1830 chez Bricon, on ne peut le considérer comme faisant partie de cette liste. Les trois pièces rassemblées sous le titre d'*Esquisses* (*L'intérieur des comités révolutionnaires, Le tribunal révolutionnaire, ou l'an II, Le thé à la mode, ou le millier de sucre*) furent en effet composées de 1794 à 1796. Elles étaient restées jusque-là inédites, à l'exception de *L'intérieur des comités révolutionnaires* (Paris : Barba, 1794). Ceci réfute donc l'affirmation de Marthe Trotain qui, dans son étude sur les scènes historiques, donne l'ouvrage de Ducancel comme une imitation du genre créé par Vitet avec les *Barricades* (*op. cit.*, p. 66).

Pour les événements de l'Empire :

M. de Fongeray [pseudonyme de deux collaborateurs, Dittmer et Cavé], *Malet, ou une conspiration sous l'Empire* sur la conspiration manquée du général Malet pour renverser Napoléon alors en campagne contre les Russes. Cette esquisse historique fut publiée dans *Les Soirées de Neuilly*, Vol. II (Paris : Moutardier, 1828).

Vicomtesse de Chamilly [pseudonyme de trois collaborateurs : François Adolphe Loeve-Veimars, Auguste Romieu et Louis Emile Vanderburch], *Le Tableau du sacre*, scénette entre Napoléon, Talma et le peintre David, et *Le dix-huit Brumaire* sur les préparatifs du coup d'état du vainqueur d'Arcole et d'Aboukir contre le Directoire. Œuvres publiées dans *Scènes contemporaines et scènes historiques*, 2e édition (Paris : Urbain Canel, 1828).

Léonard Gallois, *Trois actes d'un grand drame : le 18 Brumaire, l'abdication à Fontainebleau, le 20 mars* (Paris : Brissot-Thivars, 1828).

Cavé, ainsi que le comte Roederer durent eux aussi se contenter d'un théâtre livresque.

L'essor que prend le genre national à partir de 1814 s'explique par l'intérêt continu des littérateurs et du public pour l'histoire de France. Les travaux de l'époque montrent que l'histoire commence à s'ériger en science. Augustin Thierry soumet au *Courrier Français*, à partir de 1820, ses *Lettres sur l'Histoire de France* ; Guizot publie, de 1828 à 1830, les 6 volumes de son *Cours d'Histoire Moderne*, et Michelet, en 1828, son *Précis d'Histoire Moderne*, tandis qu'un autre historien, Barante, donne, de 1824 à 1826, dans les 13 volumes de son *Histoire des Ducs de Bourgogne* une vue d'ensemble de la lutte entre Armagnacs et Bourguignons, des insurrections populaires et de la Guerre de Cent Ans. Comme l'avait fait Walter Scott pour le roman historique, Barante restitue le passé en tableaux dramatiques hauts en couleur, tout en se gardant de prouver, de déduire ou de conclure : une telle conception scénique de l'histoire devait avoir une influence sur les auteurs dramatiques, en particulier sur les auteurs de scènes historiques, et Lavallée en est un exemple avec son *Jean sans Peur, duc de Bourgogne*. [12] Conséquence elle aussi de l'intérêt pour l'histoire, une fièvre nouvelle se manifeste bientôt : celle de la publication de mémoires, de chroniques et de documents originaux restés jusque là inédits et dont l'aspect anecdotique promet de susciter l'enthousiasme du public. Petitot et Monmerqué publient, de 1819 à 1829, leur *Collection des Mémoires relatifs à l'Histoire de France depuis le règne de Philippe-Auguste jusqu'à la paix de Paris de 1763* en 131 volumes ; Guizot sa *Collection des Mémoires relatifs à l'Histoire de France depuis la fondation de la monarchie jusqu'au XIIIᵉ siècle* en 29 volumes, de 1823 à 1827, et Buchon sa *Collection de chroniques nationales écrites en langue vulgaire du XIᵉ au XVIᵉ siècle* en 47 volumes de 1824 à 1829. Quant aux mémoires, leurs publications se multiplient à partir de 1820 : Mémoires de Choiseul, de Le Kain, de Morellet, de Mme Campan, entre autres, qui font connaître aux lecteurs sous leur aspect anecdotique les dernières années de la monarchie, la période révolutionnaire et l'Empire. Cette résurrection du passé national sous une forme pittoresque, vivante et souvent même dramatique se révèle une mine d'inspiration pour le roman et le théâtre. Puisant ainsi aux sources de la chronique et des mémoires, les auteurs nationaux qui émergent à partir de 1820 manifestent des tendances nouvelles :

---

12. Th. Lavallée, *Jean sans Peur, duc de Bourgogne*, scènes historiques ; première partie : *La Mort du duc d'Orléans, nov. 1407* (Paris : Lecointe, 1829) ; deuxième partie : *Les Bouchers de Paris* (Paris : Lecointe, 1830).

le souci du détail historique exact et de l'authenticité de l'atmosphère, ce qui, chez les romantiques, deviendra la « couleur locale ».

En fait, cette recherche de la vérité historique matérielle va mener à une véritable révolution dans les costumes, les décors et les accessoires théâtraux, révolution qui est l'aboutissement des efforts entrepris dès le XVIII' siècle par Le Kain, Mlle Clairon et surtout Talma. Les indications scéniques assument une importance qu'elles n'avaient pas jusqu'alors. Ainsi, Vitet prend des soins d'érudit pour décrire le costume d'un élégant de cour au mois de mai 1588 dans un chapitre en tête de ses *Barricades*, scènes historiques qui ne devaient pas même voir le jour de la scène. 13 De même, *La Maréchale d'Ancre* de Vigny et la *Marion de Lorme* d'Hugo abondent de détails vestimentaires et témoignent d'un souci d'authenticité de l'atmosphère, mais c'est Dumas qui, avec *Henri III et sa Cour*, se révèle le maître du genre. Ce mouvement en faveur de la couleur locale ne se manifestait d'ailleurs pas qu'au théâtre, il était dans l'air : les bals costumés donnés aux Tuileries par la duchesse de Berry furent ainsi l'occasion de reconstitutions savantes, tel le fameux bal qui ressuscita la cour de François II, grâce à des fouilles scrupuleuses menées jusque dans les bibliothèques et dans les collections. 14 Mais la couleur locale n'exigeait qu'un art superficiel se bornant aux détails historiques. La science de l'histoire demandait un traitement bien différent de celui que lui donnèrent les romantiques, et c'est à ce traitement scientifique que prétendirent certains : D'Outrepont, Roederer et Vitet entendaient en effet faire de l'histoire en historiens, en renouvelant la tradition du président Hénault. L'importance des études historiques qu'ils entreprirent dans ce but, ainsi que l'érudition des pièces justificatives jointes à leurs ouvrages, témoignent du sérieux de leurs convictions.

Avec la vulgarisation croissante des études historiques, il devenait de plus en plus difficile de produire des pièces nationales misant sur l'ignorance du parterre, et à partir de 1823 une révolution dans le traitement de l'histoire au théâtre s'annonçait imminente : l'ère des Lemercier était terminée.

En fait, la révolution se faisait sentir depuis une dizaine d'années. Les théoriciens avaient commencé à prêcher la nécessité de réformes. Imbue de la doctrine dramatique de A.W. Schlegel, qui

---

13. Cf. notre chapitre sur Vitet, p. 124.
14. Th. Muret, *op. cit.*, II, 257.

devait être par la suite révélée directement au public grâce à la traduction de Mme Necker de Saussure sa cousine [15], Mme de Staël, la première, énonça les principes d'une esthétique nouvelle. Son *De l'Allemagne,* publié à Londres en 1813 en raison de l'acharnement de la censure impériale à son égard, vantait l'exemple du théâtre historique allemand et même anglais. Dans un chapitre intitulé « De l'art dramatique » elle déclare que « la tendance naturelle du siècle, c'est la tragédie historique » [16], et ne cache pas sa prédilection pour les sujets modernes et nationaux en louant Voltaire et Du Belloy de leur contribution en ce domaine. [17] Or, les sujets historiques se prêtent encore moins que les sujets d'invention aux conditions imposées aux auteurs dramatiques : « Si nous voulions goûter, comme les Anglais, le plaisir d'avoir un théâtre historique, d'être intéressés par nos souvenirs, émus par notre religion, comment seroit-il possible de se conformer rigoureusement, d'une part, au trois unités et, de l'autre, au genre de pompe dont on se fait une loi dans nos tragédies ? » [18]. Tout en conservant l'unité d'action comme étant seule fondée en raison, elle rejette donc l'unité de lieu et celle de temps qui entravent la libre expression de ce genre de tragédie :

> Il n'est presque point d'événements qui datent de notre ère, dont l'action puisse se passer ou dans un même jour, ou dans un même lieu ; la diversité des faits qu'entraîne un ordre social plus compliqué, les délicatesses de sentiment qu'inspire une religion plus tendre, enfin, la vérité des mœurs, qu'on doit observer dans les tableaux plus rapprochés de nous, exigent une grande latitude dans les compositions dramatiques [19].

Elle donne *Les Templiers* de Raynouard comme exemple de tragédie nationale entravée par les règles :

> Qu'y-a-t-il de plus étrange que la nécessité où l'auteur s'est trouvé de représenter l'ordre des Templiers accusé, jugé, condamné et brûlé, le tout dans les 24 heures ? Les tribunaux révolutionnaires allaient vite ; mais quelle que fût leur atroce bonne volonté, ils ne seraient jamais parvenus à marcher aussi rapidement qu'une tragédie française [20].

---

15. A.-W. Schlegel, *Cours de Littérature Dramatique,* trad. de l'allemand [par Mme Necker de Saussure] (Paris : Paschoud, 1814), 3 vols.
16. Mme de Staël, *op. cit.,* p. 354.
17. *Ibid.,* p. 346.
18. *Ibid.,* p. 345.
19. *Ibid.,* pp. 346-47.
20. *Ibid.,* p. 347.

C'était là en effet la principale difficulté à laquelle se heurtait la tragédie natonale qui se voulait classique. Mme de Staël réclame également un art plus populaire, qui puisse plaire à toutes les classes de la société :

> N'importe-t-il pas de savoir pourquoi les mélodrames font plaisir à tant de gens ? En Angleterre, toutes les classes sont également attirées par les pièces de Shakespeare. Nos plus belles tragédies en France n'intéressent pas le peuple ; sous prétexte d'un goût trop pur et d'un sentiment trop délicat pour supporter de certaines émotions, on divise l'art en deux ; les mauvaises pièces contiennent des situations touchantes mal exprimées, et les belles pièces peignent admirablement des situations souvent froides, à force d'être dignes : nous possédons peu de tragédies qui puissent ébranler à la fois l'imagination des hommes de tous les rangs [21].

Dans ce but, elle recommande donc plus de simplicité dans la forme : la prose au lieu de « la pompe des alexandrins » [22] ; davantage « d'action », c'est-à-dire la tragédie d'intrigue plus que la tragédie de caractère [23] ; enfin, une connaissance plus approfondie de l'histoire [24], pour la mise en scène de sujets historiques et nationaux propres à séduire tous les Français de la même façon : « Tout est tragédie dans les événements qui intéressent les nations » [25].

Le besoin de réformes dramatiques s'intensifie à partir de 1820. L'influence des romans historiques de Walter Scott s'affirme de 1816 à 1822 grâce aux traductions de Martin et à celles de Defauconpret, à tel point que Stendhal donne l'œuvre de Scott comme « l'ouvrage littéraire qui a le plus réussi en France depuis dix ans » [26]. L'exemple de ces tableaux abondant en détails pittoresques, vivants et dramatiques laissera son empreinte sur le théâtre historique des années 1823-1830. Charles de Rémusat, dans un article publié dans le *Lycée Français* en 1820, « La Révolution au Théâtre », l'Italien Manzoni dans sa *Lettre à Chauvet sur les Unités*, puis dans sa préface au *Comte de Carmagnola* [27], orientent

---

21. *Ibid.*, pp. 353-54.
22. *Ibid.*, p. 350.
23. *Ibid.*
24. *Ibid.*, p. 356.
25. *Ibid.*, p. 354.
26. Stendhal, *Racine et Shakespeare*, éd. Pierre Martino (Paris : Honoré Champion, 1925), I, 8.
27. Alessandro Manzoni, *Le Comte de Carmagnola et Adelghis*, tragédies traduites de l'italien par Claude Fauriel (éd. suivie de la *Lettre à Chauvet* sur l'unité de temps et de lieu dans la tragédie] (Paris : Bossange frères, 1823).

la nouvelle école historique en train de se former. Dès 1823, comme le montre l'étude de revues et de journaux de l'époque [28], l'esthétique romantique est dans l'air. A la suite de Mme de Staël, on prône en particulier l'exemple des théâtres anglais et allemands : Guizot corrige et adapte l'édition Letourneur de Shakespeare qu'il publie en 13 volumes, de 1821 à 1822, et qu'il fait suivre des 25 volumes des *Chefs-d'œuvre des théâtres étrangers.* Et si la troupe anglaise de Penley, venue en 1822 pour jouer Shakespeare au théâtre de la Porte Saint-Martin, fut accueillie par des huées, ce fut l'œuvre d'une cabale politique qui avait juré « de prendre sa revanche sur Waterloo » [29]. En fait, une deuxième troupe qui se produisit en 1827 à l'Odéon, puis à la salle Favart, devait connaître un succès enthousiaste.

Plus encore que Mme de Staël, Stendhal se fait le champion de la tragédie nationale. Dans son *Racine et Shakespeare,* paru en 1823 et en 1825 en deux livraisons, il déclare que « la nation a soif de sa tragédie historique » [30], et déplore « l'unité de lieu qui rend à jamais impossibles, au théâtre, les grands sujets nationaux : 'l'assassinat de Montereau », 'les Etats de Blois', 'la Mort de Henri III' » [31]. Son principal chef d'accusation contre les classiques est l'ennui généré par des œuvres faites pour des Français de 1610 et non de 1824. Il définit ainsi la tragédie romantique : « C'est la tragédie en prose qui dure plusieurs mois et se passe en des lieux divers » [32], et ajoute :

> Que le ciel nous envoie bientôt un homme de talent pour faire une telle tragédie. Qu'il nous donne « la Mort de Henri IV », ou bien « Louis XIII au pas de Suze ». Nous verrons le brûlant Bassompierre dire à ce roi, vrai Français, si brave et si faible : « Sire, les danseurs sont prêts ; quand Votre Majesté voudra, le bal commencera. » Notre histoire, ou plutôt nos mémoires historiques, car nous n'avons pas d'histoire, sont remplis de ces mots naïfs et charmants, et la tragédie romantique seule peut nous les rendre [33].

---

28. Voir à ce sujet : Marguerite Treille, *Le Conflit dramatique en France de 1823 à 1830 d'après les journaux et les revues du temps* (Paris : Picart, 1929), et Charles-Marc Des Granges, *Le Romantisme et la Critique : la Presse littéraire sous la Restauration* (Paris : Société du Mercure de France, 1907).
29. Th. Muret, *op. cit.,* II, 185.
30. Stendhal, *op. cit.,* II, 261.
31. *Ibid.,* I, 47.
32. *Ibid.,* p. 80.
33. *Ibid.*

Il insiste sur un langage qui « au lieu d'être épique et officiel »
soit « simple, vif, brillant de naturel, sans tirades »[34], et pour lui
donc, le comble et l'anti-romantisme » c'est M. Legouvé, dans sa
tragédie de *Henri IV*, ne pouvant pas reproduire le plus beau mot
de ce roi patriote : 'Je voudrais que le plus pauvre paysan de
mon royaume pût du moins avoir la poule au pot le dimanche' »[35].
L'idée revient à tout instant dans l'ouvrage : « Les règnes de
Charles VI, de Charles VII, du noble François Ier, doivent être
féconds pour nous en tragédies nationales d'un intérêt profond et
durable. Mais comment peindre avec quelque vérité les catastrophes sanglantes narrées par Philippe de Commines, et la chronique
scandaleuse de Jean de Troyes, si le mot 'pistolet' ne peut absolument pas entrer dans un vers tragique ? »[36]. Stendhal théoricien
pensait à mettre lui-même sa théorie en pratique : il rêvait en
particulier d'une tragédie sur Napoléon, intitulée « Le Retour de
l'Ile d'Elbe », dont il jette les bases dans le dernier chapitre
de son 2e *Racine et Shakespeare*[37], et surtout d'une « Mort de
Henri III » dont le thème revient à plusieurs reprises avec des
indications dramatiques qui prouvent que dès 1823 il s'intéressait
à l'idée[38]. Pourtant il devait être devancé dans son projet par
Vitet qui publia, de 1826 à 1829, ses *Scènes de la Ligue* sur le
règne de Henri III. En tout cas, il se mit à écrire en 1828 les
deuxième et troisième actes de son « Henri III », dont il ne
nous reste que le troisième[39], et qu'il avait l'intention de porter
sur scène, mais qu'il abandonna dans les premières années de 1830
quand fut passée la vogue de ces sujets historiques[40]. Si Stendhal
auteur dramatique ne devait guère avoir de succès, par contre,
l'esthétique stendhalienne, qui demandait plus de réalisme et qui
pensait que la véritable tragédie nationale ne pouvait voir le jour
de la scène tant que durerait le système monarchique[41], allait
grandement influencer les auteurs de scènes historiques qui ne
destinaient leurs ouvrages qu'à la publication : Charles de Rémusat
et sa *Saint-Barthélémy*, écrite de 1824 à 1828[42], et sa « Féodalité »
aujourd'hui perdue ; Mérimée et sa *Jacquerie*, scènes féodales pu-

---

34. *Ibid.*, p. 96.
35. *Ibid.*, p. 42.
36. *Ibid.*, pp. 3-4.
37. Mais ce rêve demeura à l'état de projet : en 1823 la censure s'opposait en
effet à la mise en scène d'un sujet aussi récent, et Stendhal oublia bientôt son
« Retour de l'Ile d'Elbe. »
38. *Ibid.*, pp. 48 et 79.
39. Ce 3e acte a été publié par J.-F. Marshall dans *Illinois Studies in Language
& Literature* (The University of Illinois Press, Urbana, 1952), Vol. XXXVI, n° 4.
40. *Ibid.*, p. ix.
41. Stendhal, *op. cit.*, I, 106-20, et 151-54.
42. La pièce ne fut publiée par son fils qu'en 1878 chez Calmann-Lévy.

bliées en 1828 dans lesquelles il déclare avoir « tâché de donner une idée des mœurs atroces du XIVᵉ siècle » 43, et qui n'ont d'historique que l'atmosphère à la Walter Scott ; Dittmer et Cavé, qui, sous le pseudonyme de M. de Fongeray, commencent à partir de 1827 la publication d'esquisses dramatiques et historiques Les Soirées de Neuilly ; le trio Loève-Veymars, Romieu et Vanderburch, qui, sous un autre pseudonyme, celui de la vicomtesse de Chamilly, donnent, de 1827 à 1830, leurs Scènes contemporaines et Scènes historiques 44 ; enfin, Vitet qui, pour ses scènes de La Ligue, puise vraisemblablement l'inspiration dans les conseils et les suggestions du Racine et Shakespeare 45.

A la suite de Stendhal, les articles de Vitet dans le Globe, de Guiraud, Soumet et Emile Deschamps dans la Muse Française préciseront la doctrine romantique 46. Enfin, en 1827, Victor Hugo s'institue chef de la nouvelle école en se faisant le vulgarisateur de ces idées dans un manifeste éclatant. La Préface de Cromwell contient en particulier, vis-à-vis du genre national, quelques critiques acerbes contre les auteurs dramatiques de l'époque impériale :

> Il s'est formé, dans les derniers temps, comme une pénultième ramification du vieux tronc classique, ou mieux, comme une de ces excroissances, un de ces polypes que développe la décrépitude et qui sont bien plus un signe de décomposition qu'une preuve de vie, il s'est formé une singulière école de poésie dramatique [...]. Cette muse [...] est d'une bégueulerie rare. Accoutumée qu'elle est aux caresses de la périphrase, le mot propre, qui la rudoierait quelquefois, lui fait horreur [...]. Cette Melpomène, comme elle s'appelle, frémirait de toucher une chronique. Elle laisse au costumier le soin de savoir à quelle époque se passent les drames qu'elle fait. L'histoire, à ses yeux, est de mauvais ton et de mauvais goût. Comment, par exemple, tolérer des rois et des reines qui jurent ? Il faut les élever de leur dignité royale à la dignité tragique. C'est dans une promotion de ce genre qu'elle a anobli Henri IV. C'est ainsi que le roi du peuple, nettoyé par M. Legouvé, a vu son « ventre-saint-gris » chassé honteuse-

---

43. Prosper Mérimée, La Jacquerie (Paris : Brissot-Thivars, 1828), préface.
44. Pour M. de Fongeray et pour la vicomtesse de Chamilly, cf. note 11, p. 81.
45. Voir à ce sujet l'article de Maurice Parturier, « Stendhal et Vitet, » Le Figaro, 28 oct. 1933.
  Sur l'influence du cénacle stendhalien, voir Jules Marsan, « Le Théâtre historique et le romantisme, » Revue d'histoire littéraire de la France, XVII (1910), 15-33.
46. Cf. Philippe Van Tieghem, Les Grandes Doctrines littéraires en France (Paris : P.U.F., 1968), pp. 179-80.

ment de sa bouche par deux sentences, et qu'il a été réduit, comme la jeune fille du fabliau, à ne plus laisser tomber de cette bouche royale que des perles, des rubis et des saphirs [47].

La nouvelle école dramatique tendait, on le voit, à plus de réalisme à la fois dans la forme et dans le traitement de l'histoire : dans la forme, en exigeant une plus grande conformité avec le langage parlé ; dans le traitement de l'histoire, en exigeant l'étude des chroniques pour la vérité des faits et la peinture de l'atmosphère. Cette évolution vers le populaire, réclamée dès 1810 par Mme de Staël, devait avoir son aboutissement de 1823 à 1830 avec les scènes historiques, puis avec le drame national romantique.

---

47. V. Hugo, *Cromwell* (Paris : Garnier-Flammarion, 1968), préface, pp. 92-93.

CHAPITRE VII

LA TRAGÉDIE NATIONALE
SOUS LA RESTAURATION

Grâce à l'assouplissement de la censure et à la faveur que commençait à connaître le genre, la production de tragédies nationales sous la Restauration devait quadrupler par rapport à celle de l'Empire. Quant aux époques traitées, elles se limitent de façon unanime au pré-Moyen-Age et au Moyen-Age, laissant ainsi aux auteurs plus de liberté poétique dans l'adaptation de l'histoire.

Le premier succès en ce domaine, et aussi l'un des plus grands, fut remporté par un jeune poète national qui s'était fait connaître à partir de 1816 avec ses *Messéniennes*, élégies patriotiques qui consolaient la France de sa défaite au lendemain de Waterloo. Les *Vêpres Siciliennes* marquaient les brillants débuts au théâtre de Casimir Delavigne et furent représentées à l'Odéon le 23 octobre 1819 avec Joanny et Mlle Guérin dans les rôles principaux. Elles avaient pourtant bien failli ne jamais voir les feux de la rampe : n'ayant en effet été acceptées qu'avec correction par le Théâtre-Français, ce qui équivalait à un refus poli, l'auteur, découragé, jeta au feu son manuscrit, et sans l'intervention de son frère Germain qui le sauva des flammes et le porta à la direction de l'Odéon, l'un des plus grands succès dramatiques de la Restauration se fût évanoui en fumée.

Le sujet était pris à l'histoire du Moyen Age et montrait l'affranchissement du peuple sicilien vis-à-vis de la domination française : depuis Louis IX, qui en avait chassé les Turcs, les Français se sont rendus maîtres de la Sicile et en ont exécuté le prince héritier, Conradin. Pourtant, en 1282, la révolte couve. Un vieux patriote rebelle, Procida, est rentré en secret d'exil après avoir assuré à sa cause l'appui de certaines puissances étrangères, mais à son désespoir, il apprend que son fils, Lorédan, est devenu l'ami intime du gouverneur français de Palerme qui l'a fait chevalier. Toutefois, une rivalité amoureuse vient bientôt mettre la brouille entre les deux amis et servir les desseins de Procida : Montfort, le gouverneur, est tombé amoureux de la jeune princesse Emilie sœur de Conradin. Or, celle-ci a été secrétement promise en mariage à Lorédan par Conradin lui-même avant son exécution. Mis au courant de la promesse secrète, Montfort, jaloux, accuse son ami de perfidie et le bannit de Palerme. Ce traitement tyrannique amène le revirement de Lorédan à l'égard du gouverneur, ainsi que son adhésion à la conjuration fomentée par son père. Mais il commet la faute d'envoyer à Emilie un billet révélant l'existence du complot et annonçant la mort prochaine du tyran qui seul s'oppose à leur mariage. Emilie, éprise de Montfort, bien qu'elle essaie de lutter contre ce penchant contraire aux intérêts de sa famille, se décide à aller mettre ce dernier en garde contre le danger qu'il encourt et trahit malgré elle le rôle joué par Procida dans la conjuration. Montfort fait comparaître devant lui le vieillard, mais Lorédan, qui l'a suivi, s'accuse lui-même pour le couvrir. Enclin à la clémence par l'aveu des sentiments d'Emilie, le gouverneur se contente de les exiler. En attendant la sentence d'exil, ils resteront au palais jusqu'au soir. Procida se détermine à hâter la révolte et, du palais même de Montfort, parvient à expédier ses dernières instructions. Tout s'annonce prêt pour l'heure des vêpres. Pourtant, à l'heure dite, Lorédan, à qui revient la tâche de se débarrasser de son ancien ami, ne peut réprimer un ultime sursaut d'amitié chevaleresque : le voyant désarmé, il lui offre sa propre épée pour lui permettre de se défendre honorablement contre le peuple en révolte. Les Français, assemblés dans la basilique pour les vêpres, sont pris par surprise et massacrés par la populace, tandis que Lorédan, pour sauver son père, se voit contraint à frapper Montfort. Il vient témoigner de ses remords à Emilie, éperdue de douleur, et Montfort, qui s'est traîné tout sanglant de la basilique au palais pour voir une dernière fois son amante, meurt en lui pardonnant. A son père qui lui reproche sa pitié à l'égard du Français, Lorédan se déclare criminel et, de désespoir, s'immole sur le corps de son ami. Procida, un instant abattu par la mort de son fils, parvient à maîtriser sa douleur afin d'organiser la victoire [1].

Alexandre Favrot, dans son étude sur Delavigne, attribue le succès de la pièce à un « essai pour sortir de la routine de l'école

---

1. Verdi devait en tirer un opéra, *I Vespri Siciliani*, en 1855.

classique » [2]. S'il conserve, en effet, les unités de temps et de lieu, et s'il refuse d'entraver la marche de l'action au prix d'une analyse plus approfondie du dilemne d'Emilie qui pourrait en lui-même constituer la matière d'une pièce, l'auteur manifeste cependant certaines tendances pré-romantiques : l'assouplissement de la versification malgré l'alexandrin, la simplicité du langage qui tend à plus de réalisme ; enfin, le mépris des bienséances avec le spectacle sur scène des morts violentes de Montfort et de Lorédan qui donne prééminence à l'action aux dépens des récits. Seul nous est rapporté le massacre des Français dans la basilique à cause de l'impossibilité scénique d'un tel tableau. Mais certaines invraisemblances résultent de l'unité de lieu qui rendront fort-à-propos cette objection de la *Préface de Cromwell* : « Quoi de plus invraisemblable et de plus absurde [...] que ce vestibule, ce péristyle, cette antichambre, lieu banal où nos tragédies ont la complaisance de venir se dérouler, où arrivent, on ne sait comment, les conspirateurs pour déclamer contre le tyran, le tyran pour déclamer contre les conspirateurs » [3]. Quant à l'histoire, Delavigne l'adapte avec l'addition du personnage d'Emilie qui lui fournit un élément dramatique en même temps que romanesque, et provoque, par un motif psychologique bien observé, la rivalité entre les deux amis, forçant par là le drame.

Le sujet était difficile, car, bien que national, il ne donnait pas le beau jeu aux Français. En effet, malgré certains efforts pour rendre Montfort sympathique, telle sa clémence envers Procida et Lorédan convaincus de complot, le parti-pris en faveur des conjurés était évident, ce qui explique que les libéraux de 1819 aient vu dans la pièce un plaidoyer en faveur des nationalités opprimées [4]. Le succès politique qu'ils lui firent inquiéta le parti au pouvoir, et, treize jours après la première de l'Odéon, le Théâtre-Français à son tour mettait à l'affiche une tragédie nationale, éga-

---

2. A. Favrot. *Etude sur C. Delavigne* (Berne : Staempfli, 1894), p. 14.
3. V. Hugo, *op. cit.*, p. 81.
4. A la suite du succès des *Vêpres Siciliennes*, Delavigne devait revenir à la tragédie nationale avec un *Louis XI* entrepris en 1820 à la demande de Talma, puis abandonné temporairement à la mort de cet acteur avant d'être finalement repris en 1830 lorsqu'il eût trouvé un autre interprète digne du rôle en la personne de Ligier. La pièce fut représentée pour la première fois le 11 février 1832 au Théâtre-Français. Tragédie de caractère destinée à mettre en valeur le talent d'un grand acteur, elle témoignait par ailleurs de l'évolution de l'auteur dans le sens du romantisme : rejet total des règles et des bienséances, action confuse et complexe dont seule l'étude de caractère de Louis XI constitue le lien, multiplicité des personnages qui parlent un langage conforme à leurs conditions diverses, lyrisme de certaines scènes, anachronismes voulus, grande liberté prise avec l'histoire, souci de la couleur locale dans l'importance donnée aux décors et aux effets scéniques.

lement empruntée à l'histoire du Moyen Age et marquant également les débuts à la scène d'un jeune auteur dramatique. Mais si les libéraux avaient pris les *Vêpres Siciliennes* pour point de ralliement, cette fois c'étaient les ultras qui faisaient de *Louis IX* un événement politique, et de son auteur, Jacques Ancelot, le champion de la cause monarchique et religieuse. Théodore Muret résume ainsi les divergences entre les deux pièces :

> Ce fut [...] deux succès qui différèrent par le genre, par la couleur, par le diapason, par l'atmosphère. La pièce du Théâtre-Français avait pour elle la Cour, les salons royalistes, sans préjudice du très-légitime suffrage des lettrés : c'était un noble succès littéraire et moral. Celle de l'Odéon passionnait le monde libéral, et surtout les jeunes gens ; c'était un succès d'enthousiasme. On allait à *Louis IX* : on courait aux *Vêpres Siciliennes* [5].

Composé de mémoire pour éviter la répétition d'une expérience malheureuse qui lui avait fait perdre le manuscrit d'un premier essai dramatique, *Louis IX* fut récité par son auteur devant le comité de lecture du Théâtre-Français qui l'approuva à l'unanimité. Le fond historique en était le même que celui du *Louis IX en Egypte* de Lemercier : à la suite du désastre de Massoure, Saint-Louis et ses Croisés sont tombés aux mains de leur ennemi, le soudan d'Egypte, Almodan. On les jette dans les fers et, pour prix de sa liberté et de celle de ses chevaliers, Louis doit abjurer sa religion. Il préfère subir le martyre, mais des troupes musulmanes, rebelles à Almodan, arrivent à temps pour prévenir son exécution. Touchées de sa grandeur d'âme, elles lui offrent de remplacer Almodan sur le trône d'Egypte. Il rejette cette offre et repart pour la croisade. La seule différence entre la pièce d'Ancelot et celle de Lemercier était une différence dramatique et résidait dans le développement de l'intrigue secondaire fictive, moteur de l'action dans les deux cas. Au lieu de l'intrigue amoureuse qu'avait choisie Lemercier, Ancelot mettait en jeu un prince musulman, Nouradin, et un chrétien apostat devenu vizir du soudan, Raymond : le premier tourne ses troupes contre Almodan lorsque celui-ci, traître à sa promesse, refuse de libérer les prisonniers après avoir reçu leur rançon ; quant au second, chargé de soumettre à Louis l'ultimatum du soudan, il donne prétexte à une belle scène de reconversion dans laquelle, touché des discours et de l'exemple du saint roi, il renie son apostasie pour revenir à sa foi première, et, au moment où Louis va être exécuté, avant

---

5. Th. Muret, *op cit.*, II, 149-50.

même que les troupes de Nouradin aient eu le temps d'intervenir, il s'interpose et reçoit le coup destiné à saint Louis, rachetant par sa mort les errements de sa conduite.

Après Corneille, Racine et Voltaire, Ancelot choisissait la religion comme ressort tragique et, à l'exemple de ces grands dramaturges, donnait une pièce faite dans le plus pur style classique. Le sujet historique n'y était que secondaire et prétexte à une étude psychologique et morale. Tout résidait dans l'étude des caractères, le traitement dramatique et le style, d'où les libertés prises avec l'histoire et les invraisemblances : musulmans qui parlent en alexandrins français, coups de théâtre et revirements de situation. La difficulté dramatique présentée par le sujet tenait au caractère même du personnage principal : la tragédie classique exigeait en effet des passions et des crimes que Louis IX, avec son égalité d'âme et ses vertus légendaires, était loin de pouvoir fournir. Pour animer l'action, Ancelot eut donc recours aux passions des personnages secondaires qui gravitent autour de lui. « La noble impassibilité de Louis, dit Duviquet dans son examen de la pièce, est corrigée, dramatiquement parlant, par la perfidie cruelle et jalouse du soudan d'Egypte, par l'active générosité de Nouradin, par la fougue imprudente du jeune Philippe, par les craintes et par les remords d'un chrétien apostat, par le dévouement naïf du sieur de Joinville »[6]. Selon le même critique, les défauts de la pièce tiennent au caractère superflu de l'un des personnages, le chevalier de Châtillon, « qui ne sert pas même de confident, et ne se rattache ni de près ni de loin à l'action principale, la délivrance du roi »[7], et à l'insuffisance, par contre, du rôle de la reine Marguerite qui reste, dans les quatre premiers actes, « simple spectatrice des malheurs qui menacent les objets de ses plus tendres affections »[8]. Pourtant ces défauts de dosage dans l'interaction des personnages se trouvent compensés par l'intérêt dramatique qui se soutient jusqu'au dénouement, par l'élévation des sentiments et de la morale émanant du personnage principal, et par l'élégance de la versification. Pour l'intérêt historique, on citera un passage du discours de Louis IX à Joinville sur les motifs politiques de la croisade, long développement en vers de la thèse civilisatrice de ces guerres religieuses qui était celle de l'historien Joseph Michaud[9] :

---

6. J. Ancelot, *Œuvres complètes* (Paris : Adolphe Delahays, 1855), Vol. I, examen critique de Louis IX par Duviquet, p. 30.
7. *Ibid.*, p. 33.
8. *Ibid.*
9. J. Michaud, *Histoire des Croisades* (Paris : Michaud frères et Pillet, 1813-1822), 7 vols.

Jette avec moi, Joinville, un regard sur la France [...]
Avant de condamner les serments que j'ai faits,
De ces combats lointains contemple les effets :
Libre de ses tyrans, mon peuple enfin respire ;
La paix renaît en France, la discorde expire ;
Le commerce, avec nous transporté sur ces bords,
Aux peuples rapprochés prodigue ses trésors ;
L'aspect de ces climats, depuis longtemps célèbres,
Déjà de l'ignorance éclaircit les ténèbres,
Et, sur nos pas les arts, allumant leur flambeau,
Vont remplir l'Occident de leur état nouveau ;
Déjà des grands vassaux l'autorité chancelle :
Je sais ce qu'entreprend leur audace rebelle,
Joinville ; et, m'instruisant aux leçons du passé,
Je suivrai le chemin que Philippe a tracé.
Aux tyrans de mon peuple arrachant leur puissance,
Eveillant la justice, enchaînant la licence,
Au secours de mes lois j'appellerai les mœurs,
Je contiendrai les grands, et, malgré leurs clameurs,
Père de mes sujets, détruisant l'anarchie,
Je veux sur ces débris asseoir la monarchie [10].

Louis IX avait assuré la fortune littéraire d'Ancelot en même temps qu'une pension de 2.000 francs prise sur la cassette royale. Une deuxième tragédie nationale, le *Maire du Palais*, devait lui valoir définitivement les faveurs du pouvoir. Il fut nommé chevalier de la Légion d'Honneur, reçut la charge de bibliothécaire de Monsieur et jusqu'à des lettres de noblesse que, pourtant, il refusa. Mais les libéraux ne lui pardonnèrent pas son succès. Le *Maire du Palais*, dont la première eut lieu le 16 avril 1823 au Théâtre-Français, se vit immédiatement l'objet de leurs attaques, et, de ce fait, ne put connaître que sept représentations.

Le sujet était, cette fois, emprunté à l'histoire pré-moyen âgeuse : rêvant de parvenir un jour au trône, l'ambitieux maire du palais, Ebroïn, a confiné dans un monastère le vieux roi Thierry et répandu le bruit de sa mort. Cependant, il a tiré des rangs de l'armée un jeune soldat qu'il fait passer pour l'héritier de la dynastie de Clotaire, et auquel il fait épouser la fille de Thierry, Bathilde. Mais, une fois sur le trône, le prétendu Clovis, qui se croit roi légitime, se refuse à n'être qu'un pantin aux mains du maire, et cherche à ramener l'ordre et la prospérité dans la Neustrie ravagée par les guerres intestines. Comprenant qu'il a fait fausse route, Ebroïn, pour se venger, révèle à Clovis son obscure naissance et son usurpation, laissant ce dernier accablé d'avoir servi malgré

---

10. I, 3.

lui d'aussi coupables desseins, et, changeant de stratagème, rend son trône à Thierry, fait empoisonner Clovis et fait passer le meurtre pour la vengeance légitime du vieux roi, aliénant ainsi à celui-ci les suffrages du peuple qui aime Clovis. Thierry comprend alors, mais trop tard, que son véritable ennemi n'était pas « l'usurpateur », mais Ebroïn, et que jusqu'à sa mort prochaine il ne sera lui-même qu'un jouet entre les mains du maire du palais.

Le manque de témoignages historiques sur une époque aussi reculée de l'histoire de France permettait l'élaboration artistique, et Ancelot ne s'en fit pas faute. Comme avec *Louis IX*, il est évident qu'il ne s'intéresse pas à l'histoire nationale en tant que telle, et que la chronique n'est ici que le tremplin lui permettant de concevoir une situation dramatique et une étude de caractère selon le modèle classique. L'intérêt dramatique y est supérieur à celui de *Louis IX* pour le suspense et la conduite de l'action. Quant à l'étude des caractères, elle va de la figure machiavélique d'Ebroïn, qui détient toutes les ficelles du drame, aux figures tragiques de Clovis et surtout de Bathilde, nouvelle Chimène, partagée entre son amour et ses liens filiaux, mais qui, plus humaine que l'héroïne de Corneille, se décide en faveur de son époux menacé contre les intérêts de son père. Les convictions royalistes d'Ancelot se manifestaient une fois de plus dans cette histoire d'usurpation qui rappelait étrangement une autre usurpation, celle-là beaucoup plus récente. Un passage, dans lequel Ebroïn témoigne de quelques scrupules à la vue du trône qui s'offre enfin à lui, était particulièrement calculé pour plaire aux royalistes de 1823 et justifier les faveurs dont l'auteur allait être l'objet :

> . . . . la soif de régner me dévore,
> L'objet de tous mes vœux, le trône, est devant moi . . .
> Je le touche . . . un seul pas . . . un seul . . . et je suis roi.
> Mais, près de le franchir, d'où vient qu'à cette idée
> Se trouble quelquefois mon âme intimidée ?
> Renverser un pouvoir 200 ans révéré,
> Qu'une longue habitude a dû rendre sacré ? . . .
> Peut-être c'est en vain que mon orgueil l'espère ? . . .
> Le fils veut honorer ce qu'honorait le père ;
> Le respect pour un sang à l'oubli condamné,
> Ebranlé par mes soins n'est point déraciné [11].

On peut considérer la dernière tragédie nationale d'Ancelot, *Le Roi Fainéant, ou Childebert III*, comme une sorte de suite au *Maire du Palais*, car, de l'avis même de l'auteur, « les souvenirs

---

11. V, 3.

et le nom d'Ebroïn se retrouvent plus d'une fois dans la bouche de Pépin d'Héristal » [12], et les deux pièces visent à une même intention politique et morale, l'étude de « ces ministres audacieux qui, durant un siècle, ont asservi les rois à leur insolente tutelle, et qui, dévorant le trône en espérance, mais arrêtés par ce vieux respect qui protégeait le sang de Clovis, ne laissaient à leurs maîtres qu'un titre sans puissance, et préparaient de tous leurs efforts l'élévation future d'une race nouvelle » [13].

La France est gouvernée par Pépin, maire du palais, qui tient sous sa tutelle le jeune roi, Childebert. Celui-ci, maintenu à dessein depuis l'enfance dans l'ignorance de ses devoirs de roi, languit, quasi-prisonnier dans son palais, jusqu'au jour où une esclave gauloise, Chlodsinde, échappée de la maison du fils de Pépin, vient implorer sa protection. Il s'en éprend, et Pépin consent à la laisser à son service, espérant qu'elle servira ses desseins en distrayant le roi de son ennui et en le détournant du pouvoir. Mais Chlodsinde, fille d'un noble Gaulois réduit à l'esclavage, révèle à Childebert la servitude dans laquelle est tombé le peuple gaulois vis-à-vis de ses conquérants germains, lui conte les exploits de son ancêtre Clovis et lui inculque les notions de gloire, d'honneur et de royauté qu'on lui a jusqu'alors cachées. Childebert, dont les yeux s'ouvrent enfin sur le manège politique du maire, tente d'affirmer son autorité lors d'une cérémonie d'offrandes faites par ses sujets germains et gaulois. Mais dans le banquet qui suit, oubliant sous l'effet de l'ivresse les conseils de prudence de Chlodsinde, il défie Pépin et révèle l'influence de la jeune fille. Le maire, comprenant alors son erreur, décide de se débarrasser de cette dernière. Et, tandis que Childebert offre à Chlodsinde de partager avec lui le trône, il envoie ses officiers pour l'accuser de sorcellerie. Leurs mensonges réussissent à ébranler la confiance du crédule Childebert : Chlodsinde doit subir l'épreuve du feu. Elle meurt, et le roi, accablé, retombe sous l'emprise de Pépin qui peut dès lors prévoir l'avènement de sa propre dynastie.

La pièce, composée dans les dernières années du règne de Charles X, fut représentée à l'Odéon le 26 août 1830, moment inopportun entre tous pour ce genre de tragédie. Elle arrivait en effet un mois après la Révolution de Juillet. Les élèves des écoles de Droit et de Médecine, encore excités par leur récente victoire sur les Bourbons, l'accueillirent aux chants de la Marseillaise et

---

12. J. Ancelot, *op. cit.*, p. 263.
13. *Ibid.*

de la Parisienne, et la représentation ne dépassa pas les deux premiers actes. Elle fut pourtant reprise le 7 octobre suivant. Mais la fortune d'Ancelot avait définitivement tourné : ses bienfaiteurs étaient chassés du trône, il se retrouvait sans pension et expulsé de sa charge de bibliothécaire. Quant au sujet pré-moyenâgeux, s'il était encore de rigueur en 1823, au lendemain des trois Glorieuses il manquait sérieusement d'à-propos : le spectacle des infortunes d'un prince mérovingien ne présentait plus guère d'intérêt aux yeux de la nouvelle génération, comme l'indiquait le chahut d'étudiants qui accueillit la première de la pièce. Ancelot s'était pourtant essayé, timidement il est vrai, au goût du jour, à ce romantisme qui, depuis 1829, avait fait ses preuves. Mais, contrairement à son rival, Delavigne, cette veine nouvelle ne lui fut pas bénéfique : tempérament foncièrement classique, il se trouvait là hors de son élément et ne sut pas s'adapter au changement. Il s'ouvrait, dans son avant-propos, de ses efforts en ce sens :

> Une étude plus sévère de l'époque que je désirais peindre m'a permis de donner des couleurs plus vraies à mon tableau ; aucun effort ne m'a coûté pour retracer, aussi fidèlement que le comporte le drame, les mœurs, les usages, les croyances et les superstitions de ces temps reculés ; et, tout en tâchant de conserver dans l'exécution de cette tragédie les qualités qu'on avait bien voulu reconnaître dans mes précédentes compositions dramatiques, je n'avais rien négligé pour que le dialogue de celle-ci offrît plus de simplicité, pour que l'expression fût plus ferme et plus concise, pour que le langage fût dépouillé de cette phraséologie poétique si souvent et si amèrement reprochée à la tragédie classique 14.

On retrouve, en effet, des concessions faites au romantisme dans le rejet des unités de lieu et de temps 15, dans l'effort de réalisme vis-à-vis de la peinture des mœurs et des superstitions de l'époque, dans la simplicité du langage et l'assouplissement de la versification. On reconnaît enfin des traits romantiques dans la nature des sentiments qui lient Childebert à Chlodsinde, dans le lyrisme de leurs duos et dans la mélancolie de Childebert qui rappelle étrangement le mal du siècle :

> Oh ! combien ils vont me sembler courts
> Ces jours, dont mon ennui maudissait la durée !
> Qu'ils sont beaux ces jardins où je t'ai rencontrée !
> Ces fleurs, dont les parfums s'exhalent dans les airs,

---

14. *Ibid.*, p. 263.
15. La scène passe de Compiègne à Paris, et Ancelot indique vaguement l'époque : 696.

> Des oiseaux de ces bois les gracieux concerts,
> Tout m'était importun ! . . . A présent, tout m'ennivre !
> Je te vois, je te parle, et je commence à vivre ! [16].

Malgré ces concessions, le *Roi Fainéant* ne connut guère de succès : la vogue des temps pré-moyenâgeux était passée [17].

Par contre, vers 1820, cette vogue battait toujours son plein. Lemercier, nous l'avons vu, donne, en 1821, une *Frédégonde et Brunehaut*, et l'*Attila* d'Hippolyte Bis, qui arrive sur la scène de l'Odéon le 22 avril 1822, connaît également quelque succès. La tragédie met aux prises Attila, le « fléau de Dieu », et Mérovée, fondateur d'une nouvelle dynastie : Attila, qui a ravagé l'Europe et devant qui tout a jusqu'alors cédé, se voit soudain opposer résistance par le chef des Francs, Mérovée, et par une jeune fille, Geneviève, qui, par sa parole et son exemple, a su raffermir le courage des habitants de Lutèce pendant le siège de la ville. Faite prisonnière, elle brave encore le farouche roi des Huns et lui annonce sa défaite et sa mort prochaine. Par un cliché commun à la plupart des tragédies nationales, la pièce se termine sur une prédiction : la fin des invasions barbares et le triomphe de la nouvelle religion avec Clovis. Bis y fait de sainte Geneviève, patronne de Paris, une sorte d'illuminée et de pythonisse. Quant à Attila, en dépit de son héritage barbare, il revêt par moments, et de façon assez incongrue, les traits d'un amoureux du XVIIᵉ siècle au langage racinien. Epris de sa captive Elphège, femme de Mérovée, il s'écrie :

> Je la trouve plus belle au milieu de ses larmes,
> Et les feux renaissans qu'allument tant d'appas . . . [18].

L'invraisemblance entre les mœurs barbares et ce langage de cour est totale, et la vérité historique ici ne tient guère de place. Par contre, la pièce était empreinte d'un certain message, car l'idée de patriotisme et de libre-arbitre des peuples y revient à plusieurs reprises, ce qui, dans le contexte de l'actualité de 1822 et du mouvement libéral, se révélait à l'ordre du jour. Ainsi, cette apostrophe de Mérovée à Attila : « Crois-tu tous les humains créés

---

16. 1, 7.
17. Ancelot comprit son erreur et se montra dès lors plus perspicace en se consacrant pour survivre à un genre plus populaire : la comédie-vaudeville d'inspiration historique. Il donna ainsi *Mme Du Barry*, en collaboration avec Etienne Arago en 1831 ; *Mme Du Châtelet*, en collaboration avec G. Hequet en 1832 ; *Richelieu à 80 ans*, avec Lurine en 1833 ; *d'Aubigné*, avec Duport en 1836 ; *Le Roi malgré lui*, sur Henri III, également en 1836 ; et *les Mancini ou la famille Mazarin* en 1839.
18. III, 5.

pour l'esclavage ? » [19]. Ou ces remontrances patriotiques de Geneviève à Marcomir, frère ennemi de Mérovée :

> La France, qu'à l'envi vous deviez protéger,
> Se débat, chancelante, aux mains de l'étranger :
> Il y règne, il ravage et nos champs et nos villes ;
> Il serait à nos pieds, sans nos fureurs civiles [20].

Bis donna encore une tragédie prise dans l'histoire du pré-Moyen Age, *Blanche d'Aquitaine, ou le dernier des Carlovingiens,* qui fut présentée au Théâtre-Français le 29 octobre 1827, mais qui, comme la précédente, se révèle sans grand intérêt littéraire ou historique.

Le 7 février 1824, un autre Attila, celui de Benjamin Antier, vit le jour au Théâtre de la Rue de Chartres, mais cette représentation du 7 février devait être l'unique. La pièce, qui mettait assez bizarrement en scène un troubadour anachronique gagnant Attila à la cause de la civilisation à la veille de la bataille contre les Francs, les Wisigoths et les Romains, n'eut en effet aucun succès. Pourtant, comme dans la tragédie de Bis, la pensée politique était sous-jacente à cet *Attila et le Troubadour,* car l'invasion de la Champagne par les Huns était manifestement destinée à rappeler une invasion plus récente, celle de 1814 à la suite des désastres de la Campagne de France [21].

Le *Clovis* de Lemercier, composé dès 1801 et présenté au comité de lecture du Théâtre-Français dès la chute de l'Empire, avait été finalement approuvé par la censure en 1820. Mais, devant la réticence des comédiens et les répétitions languissantes, Lemercier se vit obligé de retirer sa pièce. Pour achever de lui faire échec, le Théâtre-Français monta, quelques mois plus tard, un autre *Clovis,* celui de Jean Viennet. Le sujet en était tout aussi romancé que la pièce de Lemercier : Syagrius, chef des Gaulois et captif de Clovis, renie la cause patriotique par amour pour Eudomire, sœur de ce dernier. Clovis, tout d'abord, cherche à se débarrasser de ce chef gaulois qui pourrait lui être dangereux, mais finit par fléchir aux instances d'Eudomire et, devant les preuves de fidélité que lui témoigne Syagrius, va jusqu'à consentir à leur union. Cependant Clodéric, autre prétendant à la main d'Eudomire, soutenu par l'armée franque, menace de tuer son rival. Sur cette intrigue amoureuse se greffe une intrigue politique : Césaire, l'envoyé de Byzance qui arrive au palais de Clovis sous prétexte de conclure

---

19. II, 5.
20. IV, 5.
21. Cf. Th. Muret, *op. cit.,* II, 136-38.

une alliance, vient en fait raviver le patriotisme de Syagrius et le conjurer de prendre la tête d'une armée de rebelles gaulois et romains qui n'attend que son ordre pour se débarrasser de Clovis. Syagrius, hésitant entre son peuple et sa maîtresse, finit par décider d'aller lui-même convaincre les rebelles de renoncer à la guerre et de conclure une alliance durable avec leur vainqueur. Dans ce but il s'échappe du palais avec l'aide d'Eudomire. Cependant, Clodéric découvre la conjuration : tout accuse Syagrius. Pourtant celui-ci, ayant échoué à convaincre son peuple, retourne se constituer prisonnier, montrant par là sa loyauté envers Clovis. Quant à l'armée rebelle, elle attaque, mais est défaite par Clovis qui feint de croire Syagrius coupable, et qui, pour mieux assurer sa tranquillité et sa puissance, se débarrasse du chef gaulois :

> Que me font désormais les vertus ou les torts
> D'un esclave perdu dans la foule des morts ?
> J'étais las des soupçons qu'excitait sa présence ;
> J'assure mon repos, j'affermis ma puissance,
> J'écrase qui me gêne, et poursuis mes desseins [22].

Contrairement au monstre qu'en faisait Lemercier, le Clovis de Viennet se montrait sage et modéré, face à des excités comme son allié, Clodéric. Il se déclarait, tout au moins au début, promoteur d'une politique d'intégration du peuple gaulois, politique qui lui dictait sa faveur et sa clémence envers Syagrius. Ce n'est qu'à la fin que se révélait son caractère tyrannique, d'une manière qui n'était d'ailleurs guère justifiée par la logique du personnage. Quant à Syagrius, véritable pantin, ne sachant la plupart du temps qui choisir de sa maîtresse ou de son peuple, il n'apportait à la pièce aucun intérêt psychologique. Les ennemis de Viennet cherchèrent des allusions politiques et prétendirent que « Syagrius était un ventru, Clodéric un ultra, Césaire un libéral, et Clovis, qui frappe à droite et à gauche, le prototype du système de bascule » [23]. Bien que jouée par Talma, la pièce fut en tout cas un échec complet auquel contribuèrent les invraisemblances résultant de l'unité de lieu et le style sentencieux, ampoulé, et souvent maladroit, dont ces quelques vers de Sinorix, chef gaulois prisonnier de Clovis, donnent un échantillon :

> Admis dans cette cour, sans l'avoir souhaité,
> J'ai souvent du Sicambre adouci la fierté.
> Mais la Gaule au Sicambre est à regret soumise ;
> Et je brise son joug, si mon pays le brise [24].

---

22. V, 11.
23. A. Le Roy, *op. cit.*, p. 106.
24. I, 1.

Quant au *Siège de Paris* de Charles D'Arlincourt, représenté au Théâtre-Français le 8 avril 1826 et qui mettait en scène les invasions franques, il fut ridiculisé par le *Globe* comme un exemple parfait de la décadence dans laquelle était tombée la tragédie classique : « On ne sait pas pourquoi M. D'Arlincourt a choisi Paris pour le lieu de la scène ; autant vaudrait intituler sa pièce le Siège de Trébisonde » [25].

Outre le pré-Moyen Age, le Moyen Age lui-même était toujours à l'honneur chez les dramaturges nationaux. La plupart des pièces qui s'y rapportent furent représentées au Théâtre-Français ou à l'Odéon de 1819 à 1828 et traitaient d'un même sujet : la Guerre de Cent Ans. Le 4 mai 1819, ce fut la *Jeanne d'Arc à Rouen* de L'Œuillard D'Avrigny ; le 4 décembre 1820, le *Jean de Bourgogne* de Guilleau de Formont ; le 15 septembre 1821, le *Jean sans Peur* de Pierre Liadières ; le 14 mars 1825, la *Jeanne d'Arc* d'Alexandre Soumet ; le 10 septembre de la même année, le *Sigismond de Bourgogne* de Viennet ; le 6 mars 1826, le *Charles VI* de Laville de Mirmont ; et le 10 octobre 1828, l'*Isabelle de Bavière* de La Mothe-Langon.

Le règne de Charles VI n'était pas un sujet sans danger, comme l'avait appris à ses dépens Lemercier en se voyant refuser la re-présentation de sa *Démence de Charles VI*. Pierre Chaumont Lia-dières sut, par contre, se tirer de la difficulté en supprimant le rôle du roi dément, dont le spectacle de la déchéance sur scène était cause de la désapprobation de la censure royale. Quant à Jean sans Peur ,dont il faisait le personnage principal de sa pièce, ce n'est pas l'ambitieux odieux de Lemercier, mais un homme entraîné au crime par ses passions et qui se fait traître à la cause patriotique pour des motifs personnels de vengeance contre le régent, frère de Charles VI. Il commence en fait par s'opposer à une paix honteuse avec l'Angleterre, se déclare libérateur du peuple et fait fuir l'armée anglaise devant Calais. Mais bientôt, sa haine du régent, qu'il soupçonne de convoiter son épouse, Marguerite, le pousse à faire cause commune avec la reine, Isabelle de Bavière et l'ambassadeur anglais, Westmoreland. Ils arrachent au roi dé-ment un édit qui abandonne le sceptre à Henri V d'Angleterre, déshérite sa postérité et dépouille le régent de ses droits. Le régent, prévenu du complot par une lettre anonyme, fait arrêter l'ambassadeur, mais, par peur d'être forcé à des représailles contre des grands du royaume ce qui aggraverait encore la discorde

---

25. Article du 11 avril 1826.

civile, se montre réticent à sonder plus avant dans le complot. Cependant, la rumeur publique accuse Jean sans Peur. Dans une entrevue avec son rival, dont il confond la fierté insolente en lui montrant l'édit infâme qu'il a réussi à intercepter, le régent annonce qu'il se désiste de sa charge en faveur de son oncle, le vieux duc de Bourbon, et, sous les yeux de son interlocuteur stupéfait, déchire avec magnanimité l'édit qui, seul, peut l'accuser. Un instant ébranlé par cette preuve inattendue de la grandeur d'âme du régent, Jean sans Peur reprend pourtant contenance à la révélation que lui fait la reine de la trahison de Marguerite, auteur de la lettre accusatrice. Il fait assassiner celui qu'il croit son rival, et se justifie devant la cour :

> J'ai lavé mon affront, j'ai puni l'adultère [26].

Tandis que le régent, innocent du crime dont l'accuse Jean sans Peur pardonne avant de mourir à son meurtrier.

Dans cette tragédie, la véritable criminelle est Isabelle de Bavière, épouse, mère et reine indigne, qui se sert de la haine de Jean sans Peur pour donner le trône à l'Angleterre, quitte à réclamer ensuite sa punition pour le meurtre du régent afin de se débarrasser de cet allié trop puissant. Quant à Jean sans Peur, ses passions justifient son crime et en font une victime de la fatalité. Le seul héros est sans doute le régent, dévoué à la cause patriotique et qui recherche sincèrement l'amitié de Jean sans Peur pour mettre un terme aux divisions intestines, cause des défaites françaises devant l'ennemi. La pièce, qui restait fidèle à l'idéal classique et témoignait d'une certaine élégance de style, connut quelque succès à l'Odéon où elle fut représentée.

Le 14 mars 1825, Alexandre Soumet, ancien collaborateur de l'un des organes du romantisme naissant, la *Muse Française*, donnait, toujours à l'Odéon, une *Jeanne d'Arc*. Soumet, entré à l'Académie l'année précédente, avait été forcé d'abjurer solennellement son romantisme lors de la cérémonie d'investiture. La pièce fit date, car, si elle satisfaisait au rigorisme de l'Académie par sa structure classique, à tel point que le *Mercure* pouvait déclarer l'auteur « perdu pour l'école étrangère » [27], elle témoignait pourtant de certaines hardiesses qui trahissaient les idées de la nouvelle école. Les unités entravaient d'ailleurs visiblement Soumet dans son traitement du sujet : pour s'en sortir, il limitait l'action au procès et au martyre de son héroïne, mais la compression d'événements qui durèrent en fait plusieurs mois dans l'espace

---

26. V, 7.
27. Cité par René Bray, *Chronologie du Romantisme* (1804-1830) (Paris : Nizet, 1963), p. 136.

fictif des 24 heures ne satisfaisait que d'une manière artificielle à la règle d'unité de temps. Quant à l'unité de lieu, Rouen, elle laissait quelque latitude à la mise en scène et permettait de passer de la prison de Jeanne, au portique du palais de Justice pour finir sur la place du Vieux Marché. Les hardiesses provenaient de la mise en scène du bûcher lui-même, au lieu du récit de circonstance dans la tradition classique, comme l'avait fait Raynouard dans ses *Templiers*. Elles provenaient de la juxtaposition de personnages princiers et de personnages d'humble condition, appartenant davantage au domaine du drame qu'à celui de la tragédie. Elles provenaient enfin de l'emploi d'effets mélodramatiques, de l'évanouissement du père de Jeanne dans la scène des adieux, de l'émotion générée par l'intervention de sa famille dans la scène du procès, et par le lyrisme des accents de l'héroïne. Quant au style, il témoignait d'un effort dans le sens du naturel avec l'assouplissement de la versification et l'emploi de dialogues vifs et coupés comme dans la scène de conversion du duc de Bourgogne :

[Le duc, à Jeanne qu'il essaie de gagner à la cause anglaise :]

Tu subiras ton sort sans larmes ? sans effroi ?
Jeanne
Prince, en le subissant, je pleurerai sur toi !
Le duc
Oses-tu bien braver le courroux qui m'anime ?
Jeanne
Oses-tu bien m'offrir la moitié de ton crime ?
Tu veux que, de l'honneur abjurant le lien,
Je partage ton sort ! — Es-tu jaloux du mien ?
Le duc
Moi, que sur ton trépas je jette un œil d'envie !
Jeanne
Sur mon trépas ? Oui, prince, il absoudrait ta vie.
Le duc
Tu repousses la main qui pour toi peut agir ?
Jeanne
Je repousse le sang dont tu l'ôsas rougir.
Les lauriers qu'a cueillis cette main criminelle
Impriment sur ton front une honte éternelle.
Le duc
Ah ! Dieu !
Jeanne
De l'étranger tu nous portes les lois.
Le duc
Je punis les Français des fureurs de Valois.
Jeanne
Tu livres au mépris ton nom et ta mémoire [28].

---

28. IV. 3.

En traitant devant un public français l'un des sujets les plus célèbres de l'histoire de France, Soumet, contrairement à Schiller qui faisait mourir sa Jeanne d'Arc d'une mort glorieuse au milieu de ses troupes, ne pouvait que se conformer à la vérité historique, tout au moins dans ses grandes lignes. Mais, s'il s'en tenait à l'histoire pour le fond du sujet, l'emprisonnement de Jeanne à la suite de sa capture devant Compiègne, le procès, sous prétexte de sorcellerie, de cette dangereuse ennemie de l'Angleterre, et sa condamnation au bûcher, l'invention poétique n'était pourtant pas absente de l'œuvre [29]. Ainsi, pour des raisons d'enchaînement dramatique, il inventait le personnage d'Adhémar, sorte de religieux qui soutient Jeanne tout au long de son épreuve et crée un lien entre les divers protagonistes de l'intrigue. Il donnait au père et aux sœurs de son héroïne, ainsi qu'au duc de Bourgogne, allié des Anglais, un rôle que ceux-ci ne jouèrent pas dans la réalité. La conversion patriotique du duc, surtout, qu'il empruntait à Schiller [30], est historiquement invraisemblable : Jeanne, du fond de son cachot, se voit offrir la liberté en échange d'une trahison envers Charles VII, mais, sous l'effet de ses accents patriotiques, le prodige s'accomplit, le duc renonce à se venger des Valois auxquels il a voué une haine éternelle après l'assassinat de son père, promet son assistance à l'armée française pour continuer la tâche entreprise par Jeanne et par Duguesclin, et va jusqu'à s'offrir comme champion de l'accusée dans un appel au jugement de Dieu. Si un tel revirement était faux selon l'histoire et même selon la logique du caractère, il donnait lieu, du moins, à une belle scène d'exortation à la morale chrétienne et à l'amour du pays qui souleva les applaudissements frénétiques du public, lors de la première représentation de la pièce. Forcé par la censure qui interdisait la mise en scène d'un prêtre, Soumet fut tenu de faire un simple particulier du fameux évêque de Beauvais, Cauchon, instrument décisif de la condamnation de Jeanne. Mais le Beauvais de Soumet n'est qu'un nom : il ne paraît pas sur scène et son utilité dramatique se borne à soustraire par ruse au père de Jeanne l'aveu de sorcellerie qui sera l'une des pièces à conviction du procès.

L'auteur, par ailleurs, ne put éviter une certaine monotonie inhérente au sujet : son héroïne, accusée au premier acte, n'est brûlée qu'au cinquième, mais l'issue du drame ne laisse aucun

---

29. Ce que lui reprocha amèrement le *Globe*, dont l'esthétique exigeait une fidélité intrinsèque à l'histoire, dans ses articles du 17 et du 22 mars 1825.
30. Cf. Anna Beffort. *Alexandre Soumet, sa vie et ses œuvres* (Luxembourg, 1908), p. 58.

doute. Pour y pallier, il se réfugia dans l'étude des caractères et dans le lyrisme des monologues et des évocations historiques de Jeanne, comme le rappel de son enfance heureuse à Domrémy, de son destin déterminé par les voix célestes lui commandant d'aller combattre pour la France, de sa capture devant Compiègne. La Jeanne de la pièce n'est pas une guerrière, c'est une jeune fille de 19 ans dont la prison a miné le courage et l'élan. Elle a la nostalgie de son hameau natal, de son humble condition de bergère et semble parfois regretter ce destin extraordinaire qui l'a menée jusqu'à Rouen. Elle est humaine, fragile, et tente de mettre un terme à ses épreuves en s'élançant du haut de la tour où on la tient prisonnière. Pourtant, devant l'iniquité de ses juges, elle sait se ressaisir, trouve les accents qu'il faut pour convaincre le duc de continuer la tâche. Elle monte au bûcher, son étendard à la main, avec la consolation que son sacrifice n'aura pas été vain, et son martyre se termine en apothéose :

> Le bûcher disparaît et se change en autel ;
> Ange libérateur, prends ton vol vers le ciel [31].

Le rôle valut à Mlle Georges l'un de ses plus beaux succès, et la pièce fut reçue par le public avec enthousiasme. Le *Globe* attribuait cet accueil au caractère opportun du sujet, l'héroïne devenant le symbole d'une situation qui trouvait son écho dans l'actualité : « Jeanne d'Arc, dans cette pièce, est le modèle du patriote de notre âge : elle exprime nos souffrances et notre indignation ; sa parole solennelle imprime la honte au front de quiconque s'allie à l'étranger... C'est la France du XIXe siècle qui se venge en battements de mains de la domination étrangère et des malheurs de l'invasion » [32].

Pour la différence de traitement, il est intéressant de comparer la pièce de Soumet avec celle de L'Œuillard d'Avrigny, produite six années plus tôt au Théâtre-Français avec Mlle Duchesnois dans le rôle principal, et qui avait été reprise régulièrement de 1821 à 1825 avec quelque succès. Dans les deux cas, le sujet se limitait au procès et à la mort de Jeanne, mais la tragédie de D'Avrigny se conformait, plus que celle de Soumet, à l'idéal classique. Ainsi, pour se plier aux exigences de l'unité de lieu et aux bienséances, D'Avrigny renonçait à mettre en scène le procès de Jeanne : un

---

31. V, 7.
32. Article du 17 mars 1825. Le sujet, de toute évidence, hantait Soumet qui devait y revenir, en poésie cette fois, avec une trilogie nationale dédiée à la France et publiée posthumément par sa fille, Mme Gabrielle Soumet d'Altenheym, en 1846.

récit de Talbot, son défenseur, vient nous en rendre compte dans
une galerie du château du duc de Bedfort, qui tient lieu du vestibule
cher à l'esthétique classique. Il était impossible, pour les mêmes
raisons, d'assister au martyre : le spectateur n'apprend les préparatifs du supplice et la mort de l'héroïne que par les récits qu'en
font le Sénéchal et Talbot. Soumet mélange drame et tragédie en
mettant en scène des humbles : les protagonistes de d'Avrigny ne
sont encore que des princes. Enfin, Jeanne elle-même n'est plus
une fragile jeune fille mais une guerrière patriote, qui ne craint
pas la mort, semble ne pas connaître les doutes et les faiblesses
de celle de Soumet, et ne manifeste qu'un regret, celui de n'avoir
pas péri au milieu des combats :

> Si je devais, grand Dieu, terminer mon destin,
> J'aurais voulu, du moins, les armes à la main,
> Sous les murs de Compiègne, au faîte de la gloire,
> Par un trépas illustre honorer ma mémoire [33].

Cette Jeanne là est davantage soucieuse de sa gloire et se ré-
conforte à l'idée de son triomphe posthume. Forte de la victoire
finale, elle refuse l'exil et l'échange de 1.000 prisonniers anglais
qu'on lui propose comme prix de sa liberté. Ses accents militaires
sont loin des plaintes de l'autre Jeanne :

> Ah qu'un soin différent occupe ma pensée !
> Je ne recherche plus la gloire des combats,
> Le fer que je portais accablerait mon bras ;
> La force du seigneur de moi s'est éloignée !
> Et parmi les humains ma tâche est terminée !
> Pourquoi ces murs, ces fers, pourquoi m'ôter le jour ? [34].

Du point de vue de l'analyse psychologique et d'un point de vue
tragique, la pièce de Soumet se révélait supérieure à celle de
D'Avrigny : plus humaine, plus vulnérable, l'héroïne savait éveiller
la pitié du spectateur. De plus, le sujet, par lui-même, appelait
un certain lyrisme que Soumet sut dégager avec bonheur. Quant
à la tragédie de d'Avrigny, il s'agissait, avant tout, d'une œuvre
patriotique et morale : l'image d'une héroïne nationale, inébranlable au milieu des revers, était sans doute un appel au courage des
citoyens et à l'amour de la patrie à la suite du chaos politique de
1815 [35].

---

33. III, 3.
34. I, 3.
35. Pour une comparaison des deux pièces, voir : Jean-Jacques Porchat, *Etude
sur les drames consacrés à Jeanne d'Arc*, par Schiller, L. d'Avrigny, Soumet,
etc. (Lyon, 1844).

Vers 1825, la veine des sujets pré-moyenâgeux et moyenâgeux, qui durait depuis deux décennies, semble enfin tarie en faveur d'époques plus récentes de l'histoire nationale. La vogue est désormais au XVIᵉ siècle, au XVIIᵉ siècle, à la Révolution et à l'Empire. Aux tragédies nationales de facture classique, destinées à la représentation, et qui prennent de grandes libertés avec l'histoire, succède un théâtre livresque qui, n'ayant pas à se plier aux exigences de la représentation, fait beau jeu des unités, et, n'ayant pas à craindre la censure dramatique, prétend reconstituer l'histoire avec fidélité. C'est l'ère des scènes historiques qui commence.

CHAPITRE VIII

PIERRE-LOUIS ROEDERER
COMÉDIES HISTORIQUES
ET FRAGMENTS D'HISTOIRE DIALOGUÉS

Avec la publication, en 1818, du *Marguillier de Saint-Eustache*, comédie historique non destinée à la représentation, le comte Pierre-Louis Roederer se révélait l'initiateur du théâtre livresque. Parmi la multitude des auteurs nationaux qui émergèrent de 1814 à 1830, seul Roederer, à côté de la « vicomtesse de Chamilly » et de « M .de Fongeray », parut s'intéresser à l'histoire en tant que source d'anecdotes plaisantes et de satire sociale. Et, dans la préface au *Marguillier*, il rendait hommage au président Hénault dont le *Nouveau Théâtre Français* lui avait donné l'idée de la comédie historique. Inspiré par la préface à *François II*, il en était venu en effet à se poser la question suivante :

> Ce que le président Hénault a tenté pour les événements tragiques, pourquoi ne l'essayerait-on pas pour les faits comiques ? L'histoire n'est-elle pas un mélange des uns et des autres, et le ridicule n'y est-il pas aussi abondant que le terrible et l'odieux ? N'est-il pas aussi utile d'en tirer et d'en faire ressortir l'un que l'autre ? Que les crimes de cour soient le partage de la tragédie, leurs vices celui de la comédie et le théâtre attaquera tout à la fois les principes et les conséquences 1.

C'était là le but que s'était déjà proposé Lemercier, créateur de la comédie nationale, dans sa préface à *Richelieu, ou la Journée*

---

1. Comte Pierre-Louis Roederer, *Œuvres*, publiées par son fils, le baron Antoine-Marie Roederer (Paris : Didot frères, 1853), p. 2.

des Dupes. Mais, en 1818, Roederer ignorait la tentative de Lemercier dont le *Richelieu*, bien que conçu dès 1804, ne put être publié que vingt-quatre ans plus tard, et il avait donc tout lieu de se croire l'initiateur du genre. On voit, pourtant, en quoi son idée se séparait de celle de Lemercier : en se réclamant du président Hénault et en intitulant sa pièce « Comédie en trois actes et en prose, pour faire suite au Nouveau Théâtre Français », il annonçait son intention de rester fidèle avant tout à l'anecdote historique. Lemercier, au contraire, reniait la tradition du président et concevait comme essentiel l'agencement dramatique des éléments fournis par la chronique, quitte à faire céder parfois l'histoire à la poésie.

Roederer déclare dans la préface que sa comédie « s'est trouvée toute faite dans l'histoire de France », et qu' « on peut s'en convaincre en lisant les douze volumes de l'histoire de France de Velly et Villaret où cette aventure, qu'on peut dire burlesque, est encadrée dans les plus effroyables calamités de la monarchie, et touche à la catastrophe qui donna à la France un roi d'Angleterre pour maître » [2]. Comme le feront après lui Lemercier, Laville de Mirmont, Liadières et la Mothe-Langon, il choisit pour sujet un épisode du règne de Charles VI, mais cet épisode, au lieu d'être tragique, se révèle pour une fois burlesque : l'intrigue montre en effet deux tentatives successives du dauphin, fils de Charles VI et d'Isabelle de Bavière, pour s'emparer du pouvoir aux dépens de la régente, sa mère, et des factions rivales des Armagnacs et des Bourguignons. Las d'être écarté des affaires du pays, il conçoit avec quelques amis le projet d'ameuter le peuple de la capitale contre le parti de la reine. Or, le complot tourne autour du personnage qui donne à la pièce son titre : le marguillier de l'église Sainte-Eustache. Celui-ci doit sonner le tocsin pour déclancher l'émeute, mais à l'heure dite, la cloche de Sainte-Eustache demeure silencieuse : le marguillier, qui ne croit plus au succès de l'entreprise, a fait avertir la reine de la conspiration. Les plans du dauphin sont déjoués, et ses amis emprisonnés. Néanmoins, une deuxième tentative se révèle plus heureuse. Conseillé cette fois par sa maîtresse, il feint de prendre la route de l'exil qui lui est imposé et se cache au Louvre, tandis que la populace, ameutée par ses soins, exige à grands cris son retour. Le parti de la reine, forcé de composer, accepte de se rendre à Corbeil où le dauphin a fait savoir qu'il les attend pour négocier les conditions de son retour. Mais à peine passé le pont de Charenton, Isabelle et sa suite

---

2. *Ibid.*, p. 1.

voient se refermer derrière eux les portes de Paris, tandis que le dauphin se proclame seul régent.

Le souci d'exactitude historique, annoncé par la préface, se manifeste dans le nombre de notes qui viennent corroborer la vérité des faits. Comme le président Hénault, Roederer se borne en effet à mettre l'histoire en action. Il ne se permet qu'un arrangement dramatique, heureux d'ailleurs, car il lui fait conserver l'unité de lieu : la feinte du dauphin se substitue à son départ réel pour le Berri et à son retour précipité vers la capitale, selon la chronique de Villaret. Le personnage de la demoiselle de Cassinel fournit l'élément amoureux « nécessaire pour donner à la pièce un peu de cet intérêt tendre dont notre théâtre ne peut se passer »[3]. Quant à l'élément burlesque et satirique, il provient du marguillier, prototype de la girouette politique, de circonstance en 1414 aussi bien qu'en 1818, et dont l'auteur avait certainement pu rencontrer les vivants modèles pendant les années mouvementées de la Révolution, de l'Empire et de la Restauration. La préface explique ce que Roederer entend ridiculiser en la personne du marguillier :

> Ce sont ces hommes qui se mettent en avant dans les temps de trouble ; qui viennent toujours au secours du plus fort ; qui sont les premiers à saluer le parti triomphant et à solliciter ses faveurs ; qui, en jouissant de ses bienfaits, songent déjà à se préparer des titres près du parti opposé, et se présentent à lui, ces titres à la main, le jour même qu'il a pris sa revanche ; qui se trouvent ainsi les premiers placés et les mieux placés sous les régimes les plus opposés, et toujours dans une position de faveur à la suite des convulsions politiques qui ont entraîné le plus de désastres et de ruines[4].

La satire vise également, quoique sous un moindre aspect, le personnage du dauphin, lâche et incapable de décisions sans le secours de ses amis ou de sa maîtresse ; les grands du royaume, en particulier le comte d'Armagnac qui agit comme s'il était roi ; enfin, la reine Isabelle et l'arbitraire de son gouvernement. En cela, la pièce était véritablement nationale, et le message moral et patriotique se trouvait en accord avec les promesses de la préface : « Les âmes vraiment françaises y verront avec douleur, mais non sans profit peut-être, les fautes et les crimes qui introduisirent en France la domination anglaise »[5]. Malgré quelques

---

3. *Ibid.*, p. 6.
4. *Ibid.*, p. 9.
5. *Ibid.*, p. 10.

défauts de composition, comme le manque d'unité d'action (on assiste en effet non pas à une mais à deux tentatives de coup d'Etat) et comme l'inutilité totale, dans la seconde partie de l'intrigue, du personnage qui donne son titre à la pièce, le *Marguillier* se révélait une belle réussite du genre : l'histoire y était menée rondement et sur un ton plaisant, la prose contribuait au réalisme du langage, l'intérêt dramatique et la satire se mêlaient avec bonheur. Si la comédie ne fut jamais représentée, ce n'était pas en raison d'une impossibilité de mise en scène, mais plutôt de la censure, intraitable sur le sujet de la satire vis-à-vis des personnages princiers. Roederer fut perspicace et se borna à la publication [6], tout en conservant quelqu'illusion pour l'avenir car il ajoutait à sa pièce des indications scéniques dans lesquelles il témoignait, avant Vitet lui-même, d'un souci de vérité historique dans les costumes [7].

Dans ses *Comédies, parades et proverbes*, parus en 3 volumes de 1824 à 1826, il évoluait vers l'aspect anecdotique de l'histoire avec *Le Fouet de nos pères, ou l'éducation de Louis XII* et *Le Diamant de Charles Quint*. La première pièce, une comédie en trois actes et en prose, s'inspire d'une coutume en usage dans l'éducation des héritiers au trône de France, de Louis XI à Louis XIII. Le jeune duc d'Orléans, futur Louis XII, a été condamné, par ordre du roi régnant Louis XI, à recevoir le fouet pour son orgueil, mais l'enfant parvient à échapper au châtiment grâce à son espièglerie. Auteur d'un *Mémoire pour servir à une nouvelle histoire de Louis XII* [8], Roederer portait une attention particulière au règne de ce roi, promulgateur d'une constitution bien antérieure à celle de 1789 et surnommé « le père du peuple », qu'il estimait maltraité par les historiens. La comédie, écrite sur le ton plaisant et badin de la conversation, ne témoigne d'aucune prétention satirique ou moralisatrice, si ce n'est la mise en question du fouet comme principe éducateur.

A côté de Louis XII, Roederer s'intéressait également à François Ier, témoin son *Mémoire pour servir à une nouvelle histoire de François Ier* publié la même année que l'ouvrage sur Louis XII. *Le Diamant de Charles Quint*, comédie en un acte et en prose, s'inspire d'une anecdote découverte dans un manuscrit de la bibliothèque du comte Daru, « François Ier, ou les choses mémorables

---

6. « Le ciel m'a préservé de la tentation de présenter ma pièce à une administration de théâtre » (*ibid.*).
7. Il indiquait ainsi l'usage des hennins, et celui des armoiries sur les vêtements (*ibid.*).
8. Paris : Bossange, 1825.

arrivées à son règne » [9], et tourne autour d'une coutume qui voulait que les empereurs d'Autriche abandonnent aux mains de ceux qui les ramassaient les objets qu'ils avaient laissé tomber par inadvertance : Charles Quint, de passage à la cour de François Ier, laisse tomber un diamant d'un grand prix qui est ramassé par la duchesse d'Etampes, maîtresse du roi. Il lui en fait cadeau, alléguant la coutume. Mais ici, l'auteur adapte l'histoire en faisant de l'épisode et de l'acceptation de la duchesse le symbole d'un pacte secret concernant l'investiture du Milanais. A la fois comédie galante et intrigue politique, la pièce ne visait pas plus haut que la dramatisation d'une anecdote plaisante de l'histoire de France [10].

A travers ses comédies historiques, on voit que Roederer s'intéresse avant tout à l'étude d'un cas particulier trouvé dans la chronique, qu'il s'agisse du dauphin, de Louis XII, de la duchesse d'Etampes ou de François Ier. Il s'éloigne en cela de la comédie classique dans la tradition de Molière qui ne traite que les types humains généraux. « Cette substitution du particulier au général, du concret à l'abstrait, ne révèle-t-elle pas un désir inconscient de chercher ailleurs que dans les voies rebattues de la comédie les éléments de l'étude psychologique ? », demande Marthe Trotain dans son étude des scènes historiques [11]. De fait, Roederer annonçait la nouvelle esthétique romantique.

1826 et l'énorme succès des *Barricades* de Vitet devaient marquer un tournant dans son inspiration : il décide d'aborder à son tour cette veine des scènes historiques, qui connaît alors la pleine faveur du public, avec ce qu'il appelle ses « fragments d'histoire dialogués » [12], *La Mort de Henri IV* en 1827, et *La Proscription de la Saint-Barthélémy* en 1830. Quant à une troisième pièce, *Le Budget de Henri III*, également publiée en 1830, elle est une sorte de moyen terme entre les premières comédies historiques pour l'anecdote, les traits de mœurs et le ton badin, et cette veine nouvelle qui renoue plus étroitement avec la tradition du président Hénault. Pourtant, si comme Hénault et Vitet, Roederer choisit la forme dramatique qui confère à l'histoire la vie et l'intérêt le plus

---

9. Préface au *Diamant de Charles Quint*.
10. *Le Fouet de nos pères* et *Le Diamant de Charles Quint* étaient toutes deux jouables, et si elles ne furent jamais représentées, cela tenait à des raisons de diction, de l'avis de l'auteur, difficulté insurmontable : « On déclame cela comme du mélo » (voir Marthe Trotain, *op. cit.*, p. 16).

11. *Ibid.*, p. 15.
12. « Cet ouvrage n'est point une tragédie, ce n'est point un drame, c'est uniquement ce qu'annonce son titre, un fragment d'histoire dialogué ». (Avis en tête de *la Proscription de la Saint-Barthélémy, op. cit.*, p. 171. Voir également p. 341).

souvent absents de la forme narrative [13], il entend pousser plus loin encore l'étude historique. Dans la préface à *La Mort de Henri IV* il s'insurge en effet contre la conception courante de l'histoire : raconter et ne rien prouver. Selon lui, « l'histoire est faite pour prouver quelque vérité, pour l'établir, pour la manifester » [14]. Ses fragments d'histoire dialogués sont donc des interprétations d'événements historiques obscurs ou controversés et essaient de percer le mystère à la lumière des témoignages. Cet homme méthodique, ancien ministre et conseiller d'Etat sous Bonaparte, habitué aux rapports d'économie et de politique, avait besoin de clarifier l'histoire par la méthode scientifique.

Suivant cette conception, il nous donne dans *La Mort de Henri IV* sa version des causes qui ont provoqué l'événement : « Je me suis proposé de prouver [...] que la mort de Henri IV a eu, non pas pour cause unique, mais pour cause immédiate, la malheureuse passion que lui inspira Charlotte de Montmorency, princesse de Condé » [15]. La forme dramatique ne sert que d'instrument à la thèse historique. Plus susceptible d'être lue et de soutenir l'intérêt du lecteur, elle se révèle ainsi plus propre à imposer une interprétation nouvelle des faits : « Si mon opinion n'était qu'un paradoxe sans fondement, car je puis me tromper, elle serait du moins sans danger, étant exposée dans une dissertation : elle aurait très peu de lecteurs, et ces lecteurs en auraient bientôt fait justice ; au lieu que, comme fragment d'histoire dramatique, elle peut laisser des impressions difficiles à effacer par la plus juste critique » [16]. Le sujet montrait Henri IV sous un jour nouveau : épris de la jeune Charlotte de Montmorency qui est fiancée à Bassompierre, son confident et son ami, il rompt les fiançailles pour empêcher que la jalousie ne vienne ternir leur amitié et donne Charlotte en mariage au premier prince du sang, Condé. Pourtant, quelques mois seulement après le mariage, Condé, furieux des manèges galants du roi, s'enfuit à Bruxelles, emmenant avec lui sa jeune épouse. Dépité de cette fuite à laquelle il ne s'attendait guère, Henri IV prend conseil de son ministre Sully qui commence par l'aviser avec sagesse de ne rien tenter,

---

13. « Ce drame est de l'histoire toute pure, dit-il en parlant de *la Mort de Henri IV*, sous une forme qui m'a été fournie par les documents, je veux dire la forme du dialogue. Il est extrait des Mémoires de Sully et de ceux de Bassompierre [...]. J'aurais mieux fait peut-être de prouver par une dissertation ce que j'expose sous une forme dramatique. Peut-être aussi me lira-t-on plus volontiers sous cette forme » (*ibid.*, p. 345).
14. *Ibid.*, p. 343.
15. *Ibid.*
16. *Ibid.*, p. 370.

mais qui, bientôt, devant sa colère, lui suggère une intervention armée aux Pays-Bas pour ramener les fugitifs en prenant prétexte de l'intervention autrichienne et espagnole dans l'affaire de succession de Clèves et de Juliers. Une tentative d'enlèvement de Charlotte à Bruxelles ayant échoué, on entreprend les préparatifs de guerre. Mais à Paris, la Ligue s'agite, et, soutenue par la maison d'Autriche qui fait croire que Henri IV menace le catholicisme, soulève la réprobation du peuple, tandis qu'un affidé des ligueurs, Ravaillac, se prépare à délivrer la chrétienté du « tyran hérétique, sanguinaire et débauché » [17]. La pièce se termine sur ces préparatifs et sur les pressentiments funestes du roi, centrant par là l'intérêt uniquement sur les causes de l'assassinat.

Roederer innovait avec l'étude du caractère de Henri IV. Jusqu'ici, les auteurs dramatiques qui l'avaient porté à la scène, Chénier, Legouvé et Raynouard entre autres, avaient donné du personnage le portrait qu'en faisait la légende : celui d'un roi vaillant, honnête et populaire auquel un Charles IX, un duc de Guise ou un d'Epernon servaient de repoussoirs. Or, pour la première fois, on le montrait sous un jour peu favorable : celui d'un tyran amoureux qui ne reculait devant rien, ni l'amitié, ni l'honneur, ni le bien du peuple, pour se procurer l'objet de son amour. Le but était bien sûr moral, et le crime portait en lui-même son châtiment pour l'édification des rois : « Je suis dominé par la conviction que la vérité historique dont je me suis proposé de donner la preuve est une de ces grandes leçons dont les princes ont besoin, et qu'il est honteux aux écrivains d'avoir négligé si longtemps » [18]. Vitet devait sans doute se souvenir de cette caractérisation peu flatteuse de Henri IV pour ses dernières scènes de *La Ligue* dans lesquelles il présente le vert-galant sous un jour libertin et opportuniste ; quant à l'ébauche du caractère de Ravaillac, illuminé solitaire et fanatique se considérant comme martyr à sa cause, il est possible qu'elle lui ait également servi de modèle pour le développement de son Jacques Clément.

Une comparaison de la pièce avec celle de Legouvé sur le même sujet est révélatrice de l'évolution de l'esthétique dramatique pendant la période. Roederer donnait cette fois franchement dans le genre romantique des années 26-28 : des scènes historiques destinées à la lecture et non plus à la représentation, plus de vers mais une prose réaliste et conforme à la condition des personnages, plus d'unités, plus d'agencement poétique des événements historiques

---

17. Neuvième journée, sc. 1.
18. *Ibid.*, p. 343.

entre eux en vue de former un tout. A cet égard, la subdivision de la pièce en journées et en scènes est révélatrice du caractère lâche de l'action ; en fait, il était difficile de lier entre eux des événements répartis sur huit mois sans modifier considérablement l'histoire, comme l'avait fait Legouvé. Quant au traitement de l'histoire, c'était là deux historiens qui s'affrontaient. Il s'agissait en effet de part et d'autre d'une thèse : mais, chez Legouvé, cette thèse attribuait la mort du roi à l'existence d'une conjuration comprenant l'Espagne, le duc d'Epernon et la reine. L'auteur n'accordait aucun crédit à l'opinion qui voulait que le roi fût alors épris de la princesse de Condé au point de songer à l'enlever. Il la faisait d'ailleurs passer pour un faux bruit semé par l'Espagne afin de discréditer Henri IV auprès de ses sujets, et s'en servait comme d'une ruse de d'Epernon pour provoquer la jalousie de la reine et sa participation au complot. Or, c'est précisément sur ce point que diffère Roederer : selon lui, la passion du roi et son projet d'enlèvement de la princesse sont historiques. « Il faut que Legouvé n'ait lu ni les Mémoires de Sully ni ceux de Bassompierre » [19], déclare-t-il dans un précis concernant les *Opinions diverses sur les causes de la Mort de Henri IV.* Le personnage de Roederer est plus complexe et plus dramatique que celui de Legouvé. Non plus héros sans tache, mais père du peuple en même temps que vert-galant, c'est dans un moment de folie amoureuse, alors qu'il s'écarte des devoirs que lui prescrivent les intérêts de la nation, qu'il est frappé du coup mortel de Ravaillac. Pourtant, chez Roederer, l'histoire et l'appareil d'érudition tendent à écraser l'intérêt dramatique : en particulier trop de scènes de diplomatie entre le roi et Sully, qui sont reproduites fidèlement d'après les mémoires de ce dernier, rappellent au lecteur qu'il s'agit avant tout d'une thèse et non pas d'un drame.

Un second fragment d'histoire dialogué, *La Proscription de la Saint-Barthélémy*, parut en 1830. Depuis le *Charles IX* de Chénier, le sujet semblait connaître soudain un regain de faveur. En 1826, Charles d'Outrepont écrivait une *Saint-Barthélémy*, et à la même époque que Roederer, Saint-Esteben publiait une *Mort de Coligny*. Cette popularité du sujet indiquait sans doute la condamnation, à travers la politique de Charles IX, du despotisme d'un roi qui, lui, était beaucoup plus actuel. En fait, les trois Glorieuses n'étaient pas loin.

Dans sa pièce, Roederer réfutait les précédentes interprétations de la Saint-Barthélémy et déduisait de ses témoignages histo-

---

19. *Ibid.*, p. 371.

riques que l'affaire, loin d'être l'œuvre d'un fanatisme religieux collectif comme le voulaient Voltaire dans la *Henriade* et Chénier dans son *Charles IX*, ni même un coup d'Etat et un crime d'ambition de la part de Catherine de Médicis comme le voulait d'Outrepont, n'avait été que l'expression de la vengeance politique de la cour sur la personne de l'amiral Coligny, vengeance qui, par la force des circonstances et l'avidité des pilleurs, s'était étendue à tout le parti protestant à Paris et dans les grandes villes de province. Pour rendre son interprétation plus probante, il s'interdisait la moindre fiction :

> Il serait facile de produire des effets dramatiques en ajoutant aux faits constatés quelques fictions qui donneraient un mouvement plus passionné aux caractères, et en marqueraient mieux le trait. Mais depuis la *Henriade* jusqu'aux écrits les plus récents, *l'histoire de la Saint-Barthélémy* a été tellement travestie, que j'ai cru utile de mettre la vérité en évidence, et, pour cet effet, de m'interdire toute espèce d'ornement [20].

Il entendait en particulier rétablir la vérité historique déformée par Chénier au sujet de Coligny : au lieu d'une sorte de chancelier de L'Hôpital, il le réduisait à ses proportions véritables de grand seigneur dissident dont l'ambition et le pouvoir s'avéraient dangereux pour l'unité du royaume. Quant à la responsabilité du massacre, elle retombait, selon lui, sur quatre personnages : le duc d'Anjou, frère du roi et futur Henri III, Catherine de Médicis, le duc de Guise et Charles IX. Le message politique n'était pas absent de la pièce, et en bon républicain, comme Chénier, Roederer dénonçait la tyrannie, seule capable de perpétrer de telles erreurs : « C'est le crime d'une cour où le despotisme et l'anarchie régnaient ensemble, ou plus simplement, *c'est le crime du despotisme* car l'anarchie était son ouvrage » [21].

L'amiral Coligny, chef de la faction protestante, menace la reine-mère et le duc d'Anjou par son ascendant sur le roi. Voyant en eux des ennemis, il va jusqu'à conseiller à Charles IX de renvoyer Catherine à Florence et d'expédier le duc en Pologne. Ceux-ci s'allient à la famille de Guise qui voit dans l'amiral l'assassin, resté impuni, de François de Guise. Ils mettent sur pied un

---

20. *Ibid.*, p. 171.
21. *Ibid.*, p. 170. Voir à ce sujet la longue *Ebauche historique des guerres de cour* qui précède la pièce dans l'édition A.-M. Roederer (pp. 97-163) ainsi que les déductions de ses études dans les *Réflexions sur les diverses opinions qui ont été répandues concernant les causes de la Saint-Barthélémy et Résumé de ces causes* (ibid., pp. 164-70).

complot et soudoient un garde pour dépêcher Coligny d'un coup d'arquebuse. Mais le coup manque. L'amiral ne reçoit qu'une décharge dans le bras. Le roi va rendre visite au blessé et jure de punir les coupables. Or, tout désigne le duc de Guise dont la haine pour Coligny est notoire. Se sentant sur le point d'être exposés, le duc d'Anjou et la reine-mère décident de tenter le tout pour le tout en avouant au roi leur participation à l'attentat, et ils se justifient en représentant Coligny comme un factieux dont la puissance dans l'état se révèle de plus en plus préjudiciable au trône. La confiance de Charles IX est ébranlée. On réunit un conseil. Convaincu que la guerre civile entre les partis de Coligny et de Guise est inévitable et que le trône est destiné au vainqueur, le roi reconnaît la nécessité de se débarrasser de l'amiral pendant qu'il est encore temps. Cependant, les protestants de Paris réclament justice. Le roi hésite toujours. On tient un deuxième conseil, et, cette fois, Charles IX finit par se rendre aux injonctions de la reine-mère. En proie à la fureur et à la crainte, il ordonne le massacre non seulement de l'amiral et des siens, mais de tous les huguenots de France pour assurer le succès total de l'entreprise ainsi que son impunité.

Il n'était pas question, dans ce fragment d'histoire dialogué, de resserrer l'action dans les bornes de la tragédie classique. Le sujet couvre les deux jours qui s'écoulent de l'attentat contre l'amiral au signal du massacre donné par la cloche de Saint-Germain l'Auxerrois. Mais pour éviter la dispersion, défaut cher à Vitet, Roederer conserve l'unité de lieu, une salle du Louvre précédant le cabinet du roi, ce qui lui permet de ne choisir que les scènes décisives dans un continuum d'événements impossibles à représenter. Il réussit ainsi à enchaîner les éléments de l'intrigue tout en donnant une analyse et un tableau complets des personnages et des motifs qui, selon lui, conduisirent les catholiques de Paris et de province au massacre de plus de quarante mille protestants. Les notes, les pièces à l'appui de la thèse, les paroles historiques qu'il place dans la bouche de ses personnages autant que le lui permettent les *Mémoires* de De Thou, celles de Marguerite de Navarre, de Tavannes et de Henri III, rappellent à chaque instant que c'est d'une œuvre d'historien qu'il s'agit avant tout. Pourtant, l'intérêt éminemment dramatique du sujet que les documents ne parviennent pas à étouffer, le langage naturel, la prose souple et le choix heureux des scènes prouvent que Roederer a atteint là à la maîtrise du genre, chose qu'il n'avait pu faire avec la *Mort de Henri IV*.

A côté de la Saint-Barthélémy, le personnage de Henri III se trouva être fort en vogue de 1800 à 1830. Mais en traitant le sujet,

chaque auteur y apportait une certaine dose de subjectivité et
ne choisissait que l'une des facettes de cette personnalité multiple.
Avec son *Budget de Henri III*, Roederer revient à la veine comique
de ses premières pièces tout en conservant l'appareil d'érudition
des fragments d'histoire dialogués. Au sujet des différents traitements dramatiques du rôle qui avaient précédé le sien, il fait dire
à Talma, son interlocuteur dans l'avant-propos à la pièce : « Voltaire l'a mis en épopée, Raynouard en tragédie, Vitet en drame
noir . . . et vous, vous le trouvez bon à faire rire ! » [22] et il
justifie ainsi ces divergences : « Je le donne aux autres comme il
s'est montré à moi ; il n'a pas toujours été assassin ni assassiné.
Il a eu un commencement qui était beau, un milieu ridicule, une
fin exécrable. Je l'ai pris à son milieu, les autres à son extré-
mité » [23]. Le sujet de la comédie est limité : sous prétexte d'une
guerre à outrance contre les protestants, Henri III, convaincu
de l'exaltation religieuse de ses sujets catholiques, propose aux
députés des Etats Généraux, réunis à Blois pour discuter des
affaires du royaume, le vote de subsides extraordinaires qui lui
permettraient, en fait, de renflouer ses coffres épuisés par de
continuels gaspillages. « Les premiers Etats de Blois, déclare
l'auteur, ont été réellement une comédie, où l'on voit, d'un côté, la
cour prendre une peine infinie pour persuader aux Etats Généraux que la nation est furieuse contre les protestants, qu'elle veut
absolument leur faire la guerre, que c'est son devoir, et par
conséquent qu'ils doivent fournir au roi l'argent nécessaire pour
la faire ; et où l'on voit, de l'autre côté, les députés de la nation
pénétrer l'intention du prince, se jouer du prince et des courtisans
quand ils croient se jouer d'elle » [24]. Dans cette comédie du
« tel est pris qui croyait prendre », on rit finalement aux dépens
de Henri III et de sa cour. Mais l'intrigue est mince et manque
quelque peu d'intérêt. En conséquence, la pièce languit et ne
repose guère que sur des éléments extérieurs : la réunion des
Etats, le tableau de la cour, les traits de mœurs, les frivoles
occupations du roi et de ses mignons. A cette comédie qui se veut
érudiquement historique, il manque la verve des premières pièces
dans lesquelles l'anecdote, mieux choisie, était plus captivante,
même si Roederer se permettait parfois une libre adaptation.
Quant à l'interprétation de l'histoire, elle consiste ici dans le fait
que l'auteur, toujours appuyé par ses témoignages [25], mise sur
l'hypocrisie foncière du personnage principal. Alors que le Henri III

---

22. *Ibid.*, p. 336.
23. *Ibid.*
24. *Ibid.*, p. 232.
25. Le Journal de Nevers et celui de Bodin, député du Tiers-Etat.

de Vitet était une sorte de moine pénitent, attachant une importance excessive aux rites de sa religion, mais néanmoins sincère, celui de Roederer n'est qu'un hypocrite foncier, un débauché et un hérétique qui s'adonne aux plaisirs en temps de carême, un frivole et un incapable qui s'intéresse davantage à ses mignons et à sa toilette qu'aux affaires du royaume, et pour lequel le zèle religieux n'est qu'un masque et un moyen d'obtenir de son peuple des subsides qu'il va s'empresser de dilapider en faveurs et en fêtes [26]. Le but de la pièce est, bien entendu, édifiant : « Le résultat des faits historiques, souligne l'auteur, est de prémunir les peuples contre la domination des prêtres, la cupidité et l'ambition des cours, l'arbitraire des rois ; il est bon de ne rien perdre de cette triple instruction » [27]. Quant au roi, loin de le faire s'amender comme le voudrait la comédie traditionnelle, Roederer, dans une tirade finale et par un trait de vérité psychologique bien observé, lui fait projetter de nouveaux expédients afin de satisfaire ses extravagances.

Mais, dès l'année précédente, le genre illustré par Roederer s'était vu condamné : 1829, en effet, avait marqué le triomphe sur scène du drame national romantique avec une pièce d'Alexandre Dumas, *Henri III et sa Cour*. Roederer, dans une lettre datée du 14 mars 1829, écrivait, non sans quelque dépit, à son fils : « Ne regrette pas de n'avoir pas fait le misérable ouvrage de M.A.D. [M.A. Dumas]. Ses deux premiers actes sont plats et grossiers, les trois autres sont du mélodrame renforcé. Ces productions noires et atroces prouvent l'absence de talent » [28]. On comprend la réaction de l'historien devant un mélodrame qui faisait un usage aussi abusif de la couleur locale et qui malmenait l'histoire de façon aussi grotesque. Pourtant, là où Roederer devait se contenter de scènes historiques destinées seulement à la lecture, Dumas, par son génie dramatique, assurait le succès du drame national sur la scène et inaugurait une ère nouvelle au théâtre.

---

26. Roederer pousse plus loin que ne l'avait fait Vitet l'analyse du caractère méprisable de Henri III : cf. sa *Notice sur Henri III* (*op. cit.*, pp. 308-33).
27. *Ibid.*, p. 233.
28. J. Marsan, *op. cit.*, p. 28.

CHAPITRE IX

LUDOVIC VITET
LE TRIOMPHE DES SCÈNES HISTORIQUES

C'est à un jeune collaborateur du *Globe,* chargé de la critique musicale, que revient le principal mérite dans la création du genre des scènes historiques. Considéré comme le moins romantique des rédacteurs de cet organe de la nouvelle école, Ludovic Vitet y attaquait pourtant, depuis 1824, la parodie du classicisme qui régnait depuis vingt ans. Son premier ouvrage, *Les Barricades,* paru en 1826 alors qu'il n'avait que 25 ans, fut aussitôt acclamé par le *Globe* comme un essai d'un genre nouveau, digne de la plus grande attention[1], et reçut du public un accueil tout aussi enthousiaste : trois éditions se succédèrent en l'espace d'un an[2]. Chez ce jeune libéral, qui déclarait que le romantisme était « le protestantisme dans les lettres et les arts »[3], l'intention politique ne pouvait être totalement absente : « Ce n'est pas au hasard, dit Duchâtel dans son introduction à l'édition de 1849, qu'il a choisi comme sujet ces scènes de la Ligue, qui mettent aux prises 'le Valois' et le 'Guizard'. Le public ne s'y trompa point qui fit un succès au volume, marqué de la croix de Lorraine, le gouvernement pas davantage, qui défendit d'afficher la mise en vente de ces scènes de la Ligue »[4].

---

(1) Cet article élogieux est daté du 27 avril 1826 et signé T.D. : il s'agit vraisemblablement de l'inséparable ami de Vitet, Tanneguy-Duchâtel, ce qui rend l'éloge moins impartial.
(2) L. Vitet, *Les Barricades* (Paris : Brière, 1826), 2ᵉ édition la même année, chez le même libraire ; 3ᵉ édition (Paris : Renouard, 1827) ; 4ᵉ édition (Paris : Fournier, 1830).
(3) Article du *Globe* du 23 avril 1825 intitulé « De l'indépendance en matière de goût ».
(4) Introduction aux *Etats d'Orléans* (Paris : Michel Lévy, 1849), pp. XVII-XIX.

Mais l'intention majeure de Vitet était à la fois littéraire et historienne. Ce n'était pas de faire une tragédie en prose, ni même d'imiter le théâtre national de Shakespeare, mais bien de créer un genre nouveau en mettant « l'histoire en action »[5], c'est-à-dire en ressuscitant, grâce à la forme dramatique et telles qu'elles lui étaient données par les documents, les idées, les passions et les mœurs des hommes du temps passé. Pourtant, comme Roederer, il s'aperçut, avant la fin d'impression de l'ouvrage, que quelqu'un au XVIIIe siècle, l'avait devancé dans cette tentative, et il se réclama désormais du président Hénault. Mais le président n'avait laissé qu'une application décevante de ses théories. Ce fut Vitet, son disciple sans le savoir, qui devait donner les exemples les plus remarquables du genre. Cette manière nouvelle d'écrire l'histoire mettait l'accent sur l'intention historienne plus que sur l'intention dramatique : « Reproduire avec une certaine vivacité l'image d'une époque passée, réveiller quelques souvenirs, ranimer dans de feintes conversations quelques caractères échappés à l'oubli ; tel a été mon but », précisait-il en insistant sur la vertu dramatique de l'histoire : « S'il se rencontre dans ces dialogues certains effets de scène, certaines situations qui peuvent à la rigueur passer pour théâtrales, ce sont de purs accidents : ce qui ne veut pas dire que je les doive au hasard, tout au contraire, je les ai cherchés, mais seulement dans le sein même de l'histoire. Ces effets de scène sont donc là comme preuve que l'histoire recèle une poésie intérieure qu'elle ne doit qu'à elle-même ; ils attestent la vertu dramatique de l'histoire »[6]. Essayer de revivre en imagination le passé, en se plongeant dans l'atmosphère de l'époque choisie grâce à l'étude des témoignages et des écrits laissés par les contemporains et les historiographes, puis reconstituer les événements sous forme de dialogues, telle est la démarche de Vitet que retrace avec brio le *Globe* dans son article :

> Un jeune écrivain [. . .] étudie par plaisir une de ces époques vivantes de l'histoire [. . .]. Dans son esprit, l'histoire recommence ; le drame se joue pour ainsi dire une seconde fois. Il se complaît à ce spectacle, et, s'abandonnant naïvement aux impressions qu'il éprouve, il les reçoit comme avec reconnaissance, sans chercher à y introduire un ordre factice, sans vouloir mutiler cette histoire, à laquelle il doit tant de plaisirs. Tout-à-coup le plan d'une œuvre littéraire se produit dans son imagination [. . .]. Se bornera-t-il à une

---

(5) L. Vitet, *Œuvres complètes* (Paris : Calmann-Lévy, 1883), I, 282.
(6) *Ibid.*, pp. 257-58.

simple narration ? Mais la forme est trop sèche, et les bornes trop étroites. Il ne sera pas content si ses personnages ne vivent, il faut qu'ils parlent. Il met donc l'histoire en conversations, en dialogues : chaque événement, chaque situation devient une scène. Il ne songe point à composer un drame régulier, à distribuer son sujet selon certaines proportions, à rendre l'action plus rapide, à la débarrasser des détails qui la suchargent, des accessoires qui la retardent. Entre ses souvenirs, pas de privilèges, pas d'arrangement artificiel : il laisse les choses telles qu'elles sont ; dans leur simplicité, elles lui ont plu : pourquoi ne plairaient-elles pas également à d'autres ? [7].

Son intention, en effet, n'est pas plus de faire une tragédie qu'un drame historique, qui l'obligeraient à organiser la marche de l'action, à faire un choix, en mettant en relief, aux dépens de la vérité, certains personnages et certains événements principaux. Ce qu'il recherche, c'est le fourmillement et la multiplicité de la vie, c'est la reconstitution totale de l'histoire. *Les Barricades* mettent en scène une soixantaine d'acteurs, princes et bourgeois mais aussi la foule anonyme du peuple de Paris : soldats, femmes des halles, bouchers, mariniers, moines et écoliers. Les seize scènes qui constituent l'ouvrage donnent une vue des différents quartiers de la capitale pendant les journées des 8, 9, 10, 12 et 13 mai 1588. Ces scènes, en apparence décousues, concourent pourtant au développement d'une action : celle de la crise qui oppose Henri III à l'ambitieux duc de Guise et qui trouve son aboutissement dans l'émeute populaire du 12 mai, dite Journée des Barricades. C'est là cette « vertu dramatique de l'histoire » dont Vitet entend faire son profit : la crise sert de lien aux différentes scènes sans pourtant les organiser selon un agencement poétique. Il n'y a pas dramatisation de l'action. Toutes ces scènes tiennent par elles-mêmes comme autant de petits tableaux délicatement esquissés. On pourrait citer ainsi la première scène, qui montre les principaux membres de la Ligue réunis chez l'aubergiste Sanchez pour organiser clandestinement la révolution en faveur de leur chef, le duc de Guise [8] ; ou celle de l'hôtel de Soissons, dans laquelle Catherine de Médicis, anxieuse, interroge les astres ; ou bien encore celle dans laquelle la duchesse de Montpensier, sœur du duc de Guise, pipe aux cartes l'ambassadeur d'Espagne.

---

(7) Article du 27 avril 1826.

(8) Il existe une curieuse similarité de cadre, d'atmosphère et d'exposition dramatique entre cette scène et le premier acte de *Cromwell*. Il est probable que Hugo, pour ses premiers essais au théâtre, se soit inspiré du genre créé par Vitet : son *Cromwell* est tout aussi injouable que les *Barricades* par sa longueur, les changements constants de décor, et la foule des personnages.

Quant aux principaux protagonistes de l'intrigue, leurs portraits sont brossés avec réalisme, à la lumière des documents laissés par l'histoire : le roi, un perpétuel indécis qui rejette les conséquences de ses actes sur son entourage, un simulacre de souverain que résume ce mot d'un de ses serviteurs : « Il faut le prendre comme il est : son métier est de servir la messe aux feuillantins » [9] ; le duc de Guise, un ambitieux qui convoite le trône, mais un ambitieux prudent, héros forcé de la journée des barricades, qui se refuse à brusquer le cours des choses et ne suit le mouvement populaire qu'à contre-cœur ; enfin, la reine-mère, une diplomate qui essaie, sans trop de succès d'ailleurs, de s'entremettre entre les deux partis, et une mère qui craint pour son fils préféré.

Le souci de l'histoire se révèle jusque dans les indications de costumes. Bien qu'il ne destine son ouvrage qu'à la lecture, en raison de la censure dramatique comme du caractère injouable de ces scènes, Vitet veut plonger son lecteur dans une atmosphère d'époque totale et joindre l'image à la parole en lui permettant de se représenter avec exactitude la manière même de s'habiller des personnages. D'après les gravures et les estampes du temps, il reconstitue ainsi le costume d'un élégant de cour au mois de mai 1588 :

> Pourpoint de soie brochée, boutonné depuis la ceinture jusqu'au cou, et découpé par bandelettes larges de deux doigts, traversées de distance en distance par d'autres bandelettes de même largeur, ce qui forme une espèce de grillage ; manches bouffantes, matelassées ou garnies de baleines ; fraise de quatre à cinq pieds de circonférence, composée de trois rangs de gros plis réguliers. Petit manteau très-court, de drap ou de velours, bordé de galons d'or ; chapeau de feutre à larges bords, à forme haute et presque pointue, surmonté d'une plume blanche ; haut-de-chausses en soie, bouffant, découpé comme le pourpoint, et de même couleur. [. . .]. Le manteau doit être carmélite ou noir, rarement bleu foncé ou ponceau. Bas de soie amarantes ou verts ; souliers de buffle très-couverts et pointus ; en négligé, bottes de buffle ; gants de soie brodés ; médaillon suspendu au cou par une chaîne à plusieurs rangs, ornée de rubis ; large ceinturon portant d'un côté une escarcelle ou grande bourse à fermoir, de l'autre une longue épée à poignée de fer poli. Petites moustaches ; barbe longue de deux pouces et terminée en pointe [10].

---

(9) Vitet, *op. cit.*, I, 539.
(10) *Ibid.*, p. 320.

Il reconstitue de la même manière l'habit des personnages principaux, celui des bourgeois et des ligueurs et n'omet ni les aides de camp du duc de Guise, ni les cameriere de la reine-mère.

Quant à la prose, elle révèle un véritable accomplissement dans le sens du réalisme, et Vitet s'est sans doute souvenu là des conseils du *Racine et Shakespeare* de Stendhal. En pénétrant dans les diverses couches de la société, il rend à chacun un langage selon sa condition : au roi, un style spirituel, parfois digne et même majestueux ; aux officiers, leur jargon soldatesque ; à l'homme de la rue, son parler populaire.

Les innovations esthétiques, le réalisme historique, la couleur locale, l'intention politique, tout contribua au succès de l'ouvrage qui répondait aux exigences du moment. Les imitateurs ne se firent pas attendre. On a vu que la date des *Barricades* avait marqué un tournant dans l'inspiration de Roederer. Ce genre nouveau devait également influencer, entre autres, Saint-Germeau qui publia *La Réforme en 1560 ou le Tumulte d'Amboise*, en 1829 ; Burat-Gurgy, *Un Duel sous Charles IX*, et Saint-Esteben, *La Mort de Coligny ou la Nuit de la Saint-Barthélémy*, en 1830 [11]. Ce succès incita l'auteur à donner une suite à l'ouvrage, qu'il tenait déjà vraisemblablement en réserve, ce à quoi l'encourageait vivement le *Globe* dans son article du 27 avril.

Pour un échantillon de la manière de Vitet, nous citerons la scène finale des *Barricades*, sorte de pirouette spirituelle entre deux spectateurs détachés du drame, deux bouffons, le nain de la reine-mère, Guglielmo, et l'écuyer, Davila. Il ne s'agit pas à proprement parler d'une fin — et c'est là tout le problème des scènes historiques : la nécessité de la tranche d'histoire, car celle-ci étant un continuum, il ne peut y avoir de véritable fin qu'un dénouement artificiel — mais il s'agit d'une scène de transition qui anticipe le deuxième acte du drame, la mort du duc de Guise, et même le troisième, celle de Henri III. On remarquera, pour la couleur locale, l'italianisme alors à la mode dans le langage :

Guglielmo
Or ça, illustrissime écuyer, parle-moi avec franchise : quel est à ton sens le plus fou en tout ceci, du Valois ou du Guisard ?
Davila
Le Valois, sur ma parole, car la prime reste au Guisard.

_____

(11) Voir à ce sujet Marthe Trotain, *op. cit.*, pp. 65-70.

Guglielmo

Eh bien ! moi, poverino, c'est au Guisard que je passe les
grelots, car il a été fou deux fois, et le Valois une seule. Le
Valois devait avoir le cœur de fermer la souricière quand le
Guisard est venu s'y prendre. Il ne l'a pas fait, voilà sa seule folie. Tandis que le Guisard, je le tiens fou pour s'être
mis dans la souricière, et doublement fou pour ne pas
l'avoir fermée à temps quand le Valois s'y est trouvé pris
à son tour.

Davila

Soit ; mais dis-moi, mon maître, comment crois-tu que
finira cet embroglio ?

Guglielmo

Tu ne le devines pas déjà ?

Davila

Non . . .

Guglielmo

Eh bien ! je te le conterai ce soir sur la terrasse en prenant
des sorbets avec nos petites cameriere [12].

Le deuxième volet du triptyque, *Les Etats de Blois*, paraissait
en avril de l'année suivante, et connaissait un succès tout aussi
retentissant [13]. La verve comique des *Barricades* faisait place, cette
fois, à un ton plus sombre : le roi, que l'on avait vu obligé de
s'enfuir de sa capitale pour échapper au duc et aux émeutiers,
s'est réfugié à Blois, et, poussé à bout par les insolences et l'ambition de son rival, conçoit le projet de s'en débarrasser. Aidé de
quelques fidèles serviteurs, il le fait assassiner, mais le crime se
révèle vain. Les dernières scènes annoncent que la guerre civile
est sur le point d'éclater et que le pouvoir royal est plus faible
que jamais.

Le sujet, plus que celui des *Barricades*, se prêtait naturellement
à un arrangement dramatique : le lieu pouvait se restreindre au
château de Blois, résidence royale, où se déroulaient les Etats
Généraux convoqués pour travailler à la réforme du gouvernement,
et où habitait également le duc de Guise en sa qualité de lieutenant
du royaume, ce qui évitait la dispersion des scènes. Quant à
l'intrigue, elle convergeait vers un point unique, l'assassinat du
duc. Cette fois, le sujet était jouable, et Vitet en était conscient :
« Peut-être [...], pour que ces scènes pussent être représentées,
suffirait-il de les réduire aux proportions admises au théâtre, c'est-

---

(12) Vitet, *op. cit.*, I, 549-50.
(13) De même que pour les *Barricades*, les éditions se succèdent : 1ʳᵉ et 2ᵉ
édition (Paris : Ponthieu, 1827) ; 3ᵉ édition revue et augmentée, 1828, chez le
même libraireᵉ; 4ᵉ édition (Paris : Fournier, 1829).

à-dire d'en retrancher tous les développements accessoires et épi-
sodiques qui n'ont pour but que d'initier le lecteur au secret
historique de l'action » [14]. Pourtant, il savait que toute tentative
de représentation lui demeurait interdite, lui qui s'était déjà vu
inquiéter par la police lors de la publication de son premier
ouvrage, et il ne poussa pas plus avant ses efforts en ce sens.

Une quinzaine d'années auparavant, un autre auteur s'était
déjà emparé des possibilités dramatiques offertes par le sujet.
Mais, en même temps qu'il rendait hommage à Raynouard et à ses
Etats de Blois dans son avant-propos, Vitet dénonçait la censure
qui avait obligé celui-ci à maltraiter l'histoire pour pouvoir faire
représenter sa pièce, ainsi que l'esthétique classique qui permettait
de telles violations [15]. Les deux ouvrages sont typiques des différences fondamentales entre la tragédie nationale classique et les
scènes historiques romantiques. Ces différences portent à première
vue sur la forme. Chez Raynouard, les unités, les bienséances,
les alexandrins, les tirades, et les quelques protagonistes qui se
limitent aux princes et aux grands du royaume, tout témoigne
d'une fidélité absolue à l'idéal classique. Chez Vitet, au contraire,
s'annonce un traitement romantique. On retrouve dans ces scènes
nouvelles les personnages principaux des *Barricades*, à côté d'une
foule de personnages secondaires et de figures d'arrière-plan qui
tous contribuent à l'atmosphère et qui tous jouent leur rôle dans
le cours des événements. A l'agencement dramatique dans le cadre
de la tragédie classique de Raynouard répondent la vie, la complexité et le réalisme de l'œuvre de Vitet ; aux confrontations stéréoty-
pées de protagonistes princiers, l'arrangement de saynètes vivantes,
telle la scène d'ouverture où s'affrontent les pages du duc de Guise
et ceux de la maison royale dans un combat symbolique de la
querelle de leurs maîtres, sorte d'anticipation à l'échelle secondaire
du drame sur le point de se jouer ; à la tragédie noble de caractère,
dans laquelle le sort du héros dépend de la logique interne de
ses passions, le drame de mœurs et la mise en scène des éléments
mélodramatiques de l'histoire ; à l'unité d'action, les intrigues multiples qui ne tiennent parfois que de loin au fil directeur, la
vengeance du roi. Ainsi, là où Raynouard sacrifiait volontairement
le personnage de la marquise de Noirmoutiers, maîtresse du duc,
afin de ne pas contrevenir à cette unité d'action, Vitet, au contraire,
élabore sur la venue à Blois de la marquise, sur ses pressentiments

(14) Avant-propos aux *Etats de Blois* (Paris : Fournier, 1829), p. vi.
(15) *Ibid.*, p. vii.

funestes, sur ses prières pour inciter son amant à la fuite. Mais les divergences entre les deux pièces tiennent surtout au fond. A l'histoire dramatiquement arrangée pour se conformer aux exigences du moule classique, et à la censure, répond l'histoire érudite évoluant dans un cadre libéré des conventions classiques et visant à la résurrection totale des idées, des passions et des mœurs d'une époque ; à la tragédie impersonnelle, indéfinie dans le temps et dans l'espace, dépouillée d'accessoires théâtraux, une atmosphère colorée, des détails pittoresques d'usages, de sites, de costumes, des indications précises de dates et même d'heures. Les personnages de Vitet sont plus vivants, plus humains que ceux de Raynouard. Tandis que ce dernier faisait abstraction complète de Henri III et centrait le conflit autour du duc, de la reine-mère et de Henri de Bourbon, Vitet, lui, met pleins feux sur ce personnage dont la complexité le fascine. Chez Raynouard, le crime de Henri III, ou plutôt celui de Catherine de Médicis, était uniquement politique. Il ne s'agissait que de mettre un terme à l'ambition démesurée du duc de Guise en l'assassinant. Chez Vitet ,les motifs se situent à la fois au niveau politique et au niveau personnel. Le roi cherche bien sûr à défendre son trône, mais il cherche aussi à défendre sa propre personne contre les entreprises de plus en plus menaçantes de son rival. Il hait le duc en tant qu'homme, il hait son arrogance et ses insolences qui le ravalent à un rang subalterne. Il est jaloux de son prestige auprès des ligueurs, jaloux de sa taille, de ses allures galantes, de ses succès amoureux. Parallèlement au drame historique, on a donc là un drame humain : Henri est un malade chez qui l'idée de vengeance confine à l'obsession. Mais Vitet, et c'est là la nouveauté, présente alternativement les deux points de vue. Après avoir montré le duc franchement antipathique selon l'optique du roi, il s'infiltre dans le parti des Guise révélant les affections et les craintes qui meuvent la famille du duc à la veille de l'assassinat, le courage, l'audace et le fatalisme du duc lui-même devant l'adversité. C'est là que réside le drame, et le lecteur ne sait plus quel parti prendre. Jusqu'alors, en effet, un auteur épousait toujours un parti en se donnant un héros face à un anti-héros, et Raynouard lui-même n'échappait pas à la règle lorsqu'il mettait en valeur Henri de Bourbon aux dépens d'Henri de Guise. La technique était nouvelle, et Vitet, en véritable historien, s'efforçait de maintenir une perspective de l'histoire qui restât impartiale. Quant aux scènes historiques, on voit combien elles gagnaient en complexité, en réalisme et en intérêt sur la tragédie nationale classique : les *Etats de Blois* marquent en fait le triomphe du genre.

La Mort de Henri III, publiée en 1829, était le troisième et dernier acte du drame. Si l'ouvrage devait connaître un succès

moindre que les scènes précédentes [16], c'est que le genre venait
de se voir supplanter par le drame romantique, enfin éclos sur
scène : le *Henri III et sa cour* de Dumas, en effet, sans être un
chef-d'œuvre littéraire, témoignait pourtant de qualités dramatiques
qui firent crier les romantiques à la victoire. Vitet, dans une préface écrite quelques mois après l'événement, fit allusion avec quelque amertume à la menace que créait pour lui ce succès, de par
la supériorité de la représentation théâtrale : « N'est-ce pas [...]
une témérité bien grande que de faire parler dans un livre [...]
ces mêmes personnages que chaque soir maintenant on peut voir
agir sur la scène, animés et mis en relief par l'illusion des costumes et par le jeu des acteurs ? » [17]. Malgré cette menace et
malgré ses craintes que le public ne finisse par se lasser de voir
si souvent le personnage de Henri III être l'objet de l'attention
des dramaturges [18], il ne put se résoudre à laisser incomplète sa
trilogie de la Ligue. Dans son esprit, en effet, les événements relatés
dans les trois ouvrages se supportaient, se dénouaient et s'expli-
quaient les uns par les autres : « Il faut que Henri III ait trouvé
la mort à Saint-Cloud pour que cette chaîne de faits, dont nous
avons suivi tous les anneaux à partir de la journée des Barricades,
puisse être considérée comme rompue » [19]. C'est l'affront du duc
au roi lors de la Journée des Barricades qui provoque la vengeance du roi, et cette vengeance, à son tour, amène celle de la
Ligue et du clan des Guise. L'unité foncière de la trilogie était
évidente aux yeux de Vitet qui réunit les trois pièces en 1830
sous le titre de *La Ligue, scènes historiques* [20].

Mais le sujet entrepris par l'auteur dans ces dernières scènes
était loin d'offrir l'unité dramatique naturelle des *Etats de Blois*.
La suite d'événements isolés présentés par l'histoire ne concourt
qu'indirectement à l'action principale qui est l'assassinat de Henri
III, et, parfois, Vitet lui-même ajoute à la dispersion des faits
en insérant certaines scènes, qui, si elles contribuent à l'atmosphè-

---

(16) Deux éditions seulement se succédèrent chez Fournier en 1829.
(17) Avant-propos à la *Mort de Henri III* (Paris : Fournier, 1829). p. vj.
(18) Outre les scènes de Vitet et le *Henri III* de Dumas, on compte en
effet une *Mort de Henri III ou les Ligueurs* de Charles d'Outrepont publiée
chez Didot en 1826.
(19) Avant-propos aux *Etats de Blois* (Paris : Fournier, 1829), p. viii.
(20) Il devait d'ailleurs donner un complément à cette trilogie, mais beaucoup plus tard, en 1849, une fois passée la vogue du drame romantique :
Les Etats d'Orléans, qui traitent des derniers moments du règne de François
II, furent placés en tête des *Barricades* dans les éditions consécutives, par
respect pour la chronologie. La pièce se rapproche des conditions normales
du théâtre et révèle un souci de dramatisation de l'histoire inexistant dans
les premiers essais, et dû sans doute à l'exemple du drame romantique.

re, n'ajoutent rien au déroulement de l'intrigue, tel l'épisode des
émeutes populaires contre les politiques, ou celui de l'abbesse de
Vanves qui esquisse le caractère de vert-galant de Henri de Navarre. Vitet se refuse en effet à faire un choix dans la foule des
détails que lui fournit l'histoire. Tout lui semble important. Il
cherche à tout montrer, de face ou de profil, afin de donner une
perspective des événements et des personnages aussi complète que
possible. Jusqu'ici, l'intérêt se centrait sur le corps-à-corps de
deux protagonistes principaux. Avec la mort du duc de Guise, la
lutte change d'aspect, l'intérêt se disperse selon plusieurs pôles :
d'un côté, l'agitation des ligueurs soutenus par le clan des Guise
en la personne du duc de Mayenne et de la duchesse de Montpensier ; de l'autre, les efforts de Henri III pour sauver sa couronne ;
et, enfin, après l'assassinat, les prétentions du roi de Navarre au
trône de France. Vitet s'efforce pourtant de remédier à la dispersion en organisant ses scènes autour du siège de Paris, et en
centrant l'étude psychologique sur le contraste créé par les caractères de Henri III et de Henri de Navarre. Nous avons en effet
un protagoniste nouveau en la personne du futur Henri IV, acccouru
à l'appel de son cousin pour aider celui-ci à reconquérir sa capitale,
et l'intérêt que capte le personnage est assez grand pour éclipser
la lutte entre la Ligue, les Guise, et le roi de France, qui jusqu'ici
faisait l'objet de ces scènes historiques. Quant aux brigues d'Henri
de Navarre pour parvenir au trône après la mort d'Henri III, elles
ajoutent un embranchement à l'action principale : Vitet, emporté
par son sujet, ne peut se résoudre à faire tomber le rideau sur
l'assassinat du roi, ce qui laisserait indécise l'issue du siège de
Paris. Il construit donc la pièce, non pas autour du personnage
d'Henri III, mais autour de sa mort, et nous voyons les événements
qui y mènent, puis ceux qui en découlent. L'assassinat sert ainsi
de tremplin au changement de dynastie, anticipé dans la scène
finale.

Avec la *Ligue*, Vitet renouvelait le genre historique. Remplis-
sant, plus que tout autre, le but que s'était proposé le président
Hénault, il ressuscitait le passé, les personnages, les idées et les
mœurs d'une époque en une série de tableaux d'une puissance de
vie étonnante. Contrairement à la tragédie nationale impersonnelle,
il situait son sujet dans un cadre, recréait une atmosphère, donnait
une individualité propre à chacun de ses personnages. Aussi le
public, las de la fadeur des productions de l'ère impériale, ac-
cueillit-il son œuvre avec enthousiasme. La *Ligue* répondait en
effet aux besoins du moment, que le *Racine et Shakespeare* de
Stendhal avait formulés : sujet national, forme libérée des conventions classiques, couleur locale, réalisme du langage. Elle annonçait la révolution dramatique et l'avènement du drame romanti-

que [21]. Dumas lui-même reconnut sa dette envers Vitet, et la part qu'avait jouée ce dernier dans la formation du romantisme. Dans sa préface à *Henri III*, il le citait parmi les fondateurs du genre [22], et, plus tard, dans ses *Mémoires*, réitérait son jugement : « Ceux qui ont oublié les *Etats de Blois* et la *Mort de Henri III* peuvent relire ces deux ouvrages, qui ont eu une grande influence sur la renaissance littéraire de 1830 » [23]. Les romantiques surent se souvenir, en particulier, de son désir de tout mettre en scène, de ce fourmillement de la vie prise à tous les niveaux de la société, de ces détails pittoresques inutiles à l'action mais contribuant à l'atmosphère, de cette tentative de reconstitution d'une époque disparue à grands renforts de couleur locale dans le langage, les costumes et les décors, de l'exploitation des éléments romanesques et mélodramatiques de l'histoire, de la peinture de l'individu avec ses faiblesses et même ses bizarreries sous le personnage historique, enfin, de la libération de la forme, du réalisme coloré du langage, des dialogues expressifs, parfois même spirituels, où se révélaient des personnalités aussi diverses que les individus.

Pourtant, Vitet se séparait d'eux sur un point essentiel : la fidélité à l'histoire. Alors qu'ils allaient prendre de grandes libertés avec la chronique et déformer à leur fantaisie personnages et événements, lui, visait à une reconstitution du passé aussi exacte et impartiale que possible et assujettissait l'art à l'histoire. Il était historien. Eux allaient se révéler dramaturges. Prisonnier du document, dispensé de l'invention, l'art dramatique se réduisait, chez lui, au choix des événements et des détails, et au style. Il lui manquait cette faculté créatrice essentielle à tout dramaturge, et on ne peut que souscrire à ce jugement de Georg Brandes :

> Une certaine timidité, peu favorable à l'art, l'empêchait de rien changer au sujet et de laisser paraître sa personnalité. Il n'était point capable d'imprimer à son œuvre le cachet de son originalité. Il abandonna si vite la carrière dramatique, parce que son imagination, si puissante qu'elle fût, ne pouvait se mouvoir librement, quand il observait ou qu'il écrivait ; la poussière des livres arrêtait son vol. [24]

---

(21) Voir à cet égard : Louis Maigron, « Deux ouvriers du romantisme : Vitet et Vigny », *Revue Bleue*, 4ᵉ série, Vol. XX (1903), pp. 168-74.

(22) Alexandre Dumas, *Théâtre complet* (Paris : Calmann-Lévy, 1883), I, 115.

(23) Alexandre Dumas, *Mes mémoires* (Paris : Michel Lévy frères, 1863), VIII, 279.

(24) Georg Brandes, *L'Ecole romantique en France*, trad. A. Topin (Paris : Michalon, 1902), p. 325.

Le genre ne fut donc que l'expression d'un moment et se vit condamner avec l'apparition du drame national romantique. Si Vitet avait eu quelque espoir de faire école à la suite du succès des *Barricades* et des *Etats de Blois*, en 1829 cet espoir se voyait déçu. Reconnaissant ses limites, il dut lui-même s'incliner devant la supériorité de ses rivaux : « L'art ne doit point être le copiste mais l'émule de la nature [...]. Le poète peut faire des emprunts à l'histoire, mais à condition de lui donner des lois au lieu d'en subir, et de rester créateur »[25]. Pourtant, s'il ne sut pas s'imposer avec son genre livresque, il avait du moins frayé la voie et préparé les esprits aux futures hardiesses romantiques : Dumas, Vigny et Hugo allaient s'emparer de cette matière nationale ainsi revivifiée pour la porter, cette fois, sur la scène.

---

(25) Avant-propos à la *Mort de Henri III*, pp. xiij et xiv.

CHAPITRE X

LE DRAME ROMANTIQUE
ET L'HISTOIRE NATIONALE

En 1829, le mouvement romantique avait depuis longtemps envahi la poésie, avec *Les Méditations* de Lamartine, le roman, avec le *Cinq-Mars* de Vigny, et même l'histoire, avec Augustin Thierry. Restait à s'emparer d'un dernier bastion, le plus important pour la reconnaissance officielle du genre : le théâtre.

Les scènes historiques, nous l'avons vu, laissaient pressentir l'imminence de cet événement. L'un des signes avant-coureurs en fut la représentation de *Louis XI à Péronne*, comédie en 5 actes et en prose de Mély-Janin, le 15 février 1827 au Théâtre-Français. « Quoique cet ouvrage ne soit pas d'une assez forte complexion pour exercer une grande influence sur nos destinées théâtrales, déclarait le *Globe* dans son article du 24 février, son apparition sur la scène française n'en est pas moins un événement qui mérite d'être signalé ». La pièce témoignait en effet d'une certaine déférence au goût du public, rompait avec l'unité de lieu, et mettait en scène avec une richesse et un souci inaccoutumés d'exactitude dans les costumes, Michelot dans le rôle de Louis XI, ses saints de plomb à son bonnet, sa cape rapée, ses faiblesses et ses vices. Malgré ces innovations qui devaient faire date, la pièce n'était pourtant guère plus qu'une adaptation du *Quentin Durward* de Scott, dans lequel la plupart des scènes étaient découpées, et manquait de l'originalité essentielle à toute œuvre destinée à faire école.

Ce fut à Alexandre Dumas que revint l'honneur de donner au théâtre la première application véritable des principes romantiques. La première de *Henri III et sa cour* eut lieu le 11 février 1829 au milieu de l'enthousiasme croissant des partisans de la nouvelle esthétique. « C'étaient des transports, des trépignements d'ivresse, un véritable délire », commente Théodore Muret, « Comment qualifier autrement la fameuse ronde infernale formée dans le foyer du Théâtre-Français et les cris : 'Enfoncé Racine !' qui saluèrent l'ère splendide inaugurée ce soir-là ? » [1]. Or, ces débuts triomphaux du romantisme au théâtre utilisaient non seulement la matière historique moderne prônée par la plupart des théoriciens du mouvement, mais encore la matière nationale dont Stendhal s'était fait le champion.

La pièce reprenait l'époque et les personnages principaux des scènes de Vitet : le règne de Henri III, les manœuvres politiques de Catherine de Médicis, celles du duc de Guise et de la Ligue. Mais, chose que Vitet avec son appareil d'érudition n'avait pas su faire, Dumas en tirait un drame vivant et susceptible d'être joué. Il restreignait le sujet et bâtissait son intrigue historique autour d'un fil directeur, l'amour qui lie Saint-Mégrin, mignon du roi, à Catherine de Clèves, duchesse de Guise. Chez Vitet, l'élément amoureux était peu développé, toujours épisodique, et subordonné en tout cas à l'étude historique. Dumas, lui, vise au populaire. En même temps qu'un drame historique, il veut un drame de la passion, et il sait que cette histoire qui met en scène l'éternel triangle lui apportera les suffrages du parterre. C'est encore dans ce but qu'il utilise la prose de préférence aux vers, et qu'il recherche les effets mélodramatiques du sujet. L'invraisemblance ne l'arrête pas. Les effets scéniques abondent : mécanisme secret de l'alcôve qui s'ouvre et se referme grâce à un mécanisme caché chez l'astrologue Ruggieri ; apparition magique à Saint-Mégrin de la duchesse endormie par un narcotique ; scènes de violence, comme la scène 5 de l'acte III, véritable scène de mélodrame, dans laquelle le duc de Guise, qui croit à l'infidélité de sa femme, commence par la menacer du poison, puis lui meurtrit le bras de son gantelet de fer pour la forcer à écrire une lettre tendant un piège à son rival. L'instinct dramatique de Dumas ne le trompait pas : ce fut ce troisième acte qui devait décider du succès de la pièce à la première représentation. Le spectacle de cette brutalité inaccoutumée sur la scène du Théâtre-Français provoqua des cris de terreur, mais aussi des « tonnerres d'applaudissements » [2].

---

(1) Th. Muret, *op. cit.*, II, 322. Sur la première de la pièce voir également : Alexandre Dumas, *Théâtre Complet* (Paris : Michel Lévy frères, 1863), I, 33-34 [« Comment je devins auteur dramatique »] et *Mes Mémoires* (Paris : Michel Levy frères, 1863), V, 102-103. La distribution des rôles fut la suivante : Michelot dans le rôle de Henri III, Joanny dans celui du duc de Guise, Firmin, dans celui de Saint-Mégrin, et Mlles Leverd et Mars respectivement dans les rôles de Catherine de Médicis et de la duchesse de Guise.

(2) A. Dumas, *Mémoires*, V, 103.

Quant aux personnages, ils ne sont guère approfondis. Dumas se contente de leur laisser les traits consacrés par la tradition historique. Faire œuvre d'historien comme Roederer ou Vitet ne l'intéresse pas. Ainsi, Vitet, à la lumière des documents, s'efforçait de réhabiliter le personnage de Catherine de Médicis si calomnié par les chroniqueurs. Il en faisait une femme prudente et avisée n'obtenant guère, malgré ses efforts, qu'une place secondaire dans les affaires du royaume. Chez Dumas, par contre, Catherine reste cette vieille intrigante, experte dans l'art des breuvages empoisonnés et des narcotiques, qui est celle de la légende ; cette magicienne qui, avide de pouvoir, a consciemment maintenu son fils dans les superstitions et dans la volupté afin de s'approprier les rênes de l'Etat. La personne du roi est encore plus superficielle : pantin entre les mains de sa mère et de ses mignons, il ne révèle que le côté faible et irrésolu de son caractère. Dumas, par ailleurs, ne se fait pas scrupule de prendre des libertés avec le caractère de deux de ses personnages principaux. Le duc de Guise, consacré par l'histoire et les dramaturges précédents comme brave, audacieux et téméraire, nous est en effet montré ici sous un jour nouveau : celui d'un jaloux de mélodrame, sorte de réminiscence de l'*Othello* de Shakespeare que Dumas avait pu voir représenter en 1827 lors du passage à Paris de la troupe anglaise de Charles Kemble, Miss Smithson, Kean et Macready [3]. Mais c'est le personnage de Saint-Mégrin qui subit les changements les plus notables par rapport à l'histoire : d'un mignon corrompu et sans scrupules il fait un conseiller capable d'inquiéter Catherine de Médicis par son influence bénéfique et réparatrice auprès de Henri III, et le type même du héros romantique, brave, fougueux, amoureux et fatal.

Dumas raconte dans ses *Mémoires* comment il trouva son sujet [4]. Un jour que, commis du duc d'Orléans, il était monté prendre du papier à la comptabilité, il tomba sur un volume d'Anquetil ouvert par hasard à la page 95 qui relatait l'anecdote suivante :

> Quoique attaché au roi, et, par état, ennemi du duc de Guise, Saint-Mégrin n'en aimait pas moins la duchesse, Catherine de Clèves, et on dit qu'il en était aimé. L'auteur de cette anecdote nous représente l'époux indifférent sur l'infidélité réelle ou prétendue de sa femme. Il résista aux instances que ses parents lui faisaient de se venger, et ne

(3) A propos de l'influence de Shakespeare sur Dumas, voir Hippolyte Parigot, *Le Drame d'Alexandre Dumas* (Paris : Calmann-Lévy, 1899), chap. 2, « Influences anglaises », pp. 46-60.

(4) A. Dumas, *Mémoires*, V, 79-81.

punit l'indiscrétion ou le crime de la duchesse que par une plaisanterie. Il entra, un jour, de grand matin, dans sa chambre, tenant une potion d'une main et un poignard de l'autre ; après un réveil brusque suivi de quelques reproches : « Déterminez-vous, madame », lui dit-il d'un ton de fureur, « à mourir par le poignard ou par le poison ». En vain demande-t-elle grâce, il la force de choisir ; elle avale le breuvage et se met à genoux, se recommandant à Dieu, et n'attendant plus que la mort. Une heure se passe dans ces alarmes ; le duc alors, rentre avec un visage serein, et lui apprend que ce qu'elle a pris pour du poison est un excellent consommé. Sans doute cette leçon la rendit plus circonspecte par la suite [5].

Cette plaisanterie atroce lui plut, et il s'amusa à chercher des détails complémentaires dans les *Mémoires* de l'Estoile qui lui fournirent les circonstances de l'assassinat de Saint-Mégrin par le duc de Mayenne, frère du duc de Guise. L'ouvrage de l'Estoile contenait également, un peu plus loin, un épisode étranger au sujet du duc de Guise et de Saint-Mégrin, celui de la vengeance d'un certain seigneur de Montsoreau, sur la personne de Bussy d'Amboise, coupable de l'avoir fait cocu [6]. C'est de l'amalgame de ces trois épisodes, auquel vinrent s'ajouter les témoignages de la *Confession de Sancy* et de *l'Ile des Hermaphrodites* pour les détails de mœurs, ainsi que des réminiscences de *l'Abbé* de Scott pour la scène du gantelet de fer, que naquit, en deux mois, *Henri III et sa Cour*. De l'élément amoureux entre la duchesse et Saint-Mégrin, qui, dans l'histoire, semble bien n'être qu'une vantardise de ce dernier [7], Dumas fait un véritable amour romantique, partagé, condamné et fatal. Quant au dénouement, il devient la conséquence logique de la jalousie du duc : alors que, dans l'histoire, celui-ci se contente de sa plaisanterie et renonce à se venger personnellement de Saint-Mégrin, laissant ce soin aux princes de sa maison et à ses amis [8], dans la pièce, il se fait lui-même le justicier du crime.

Dumas, on le voit, loin de rester prisonnier de l'histoire comme les auteurs de scènes historiques, amalgame, échafaude, manie les épisodes à des fins dramatiques. Chez lui, l'histoire n'est en effet

---

(5) *Ibid.*, p. 79.
(6) *Ibid.*, pp. 80-81.
(7) « Le roi exigeait que ses mignons l'amusassent du récit de leurs bonnes fortunes ; Saint-Mégrin se permit de nommer la duchesse de Guise », déclare Raynouard dans sa *Notice historique sur le duc de Guise* (Paris : Mame frères, 1814), p. 77.
(8) *Ibid.*, p. 80.

qu'un prétexte, un décor brossé à grands renforts de détails
destinés à frapper l'imagination. Cette couleur locale, qui n'est
que l'expression du goût du jour, se trouve en général plaquée
dans des scènes secondaires totalement extérieures à l'intrigue
principale, telle la scène de badinage entre les mignons qui nous
apprend la vogue du bilboquet et de la sarbacane, la mode toute
nouvelle des collets renversés à l'italienne, et la construction du
Pont Neuf [9] ; ou bien encore, la scène de conversation entre la
duchesse de Guise, sa dame d'honneur et son page, qui nous entre-
tient des derniers succès littéraires, des *Dames galantes* de Bran-
tôme et du poème de Ronsard, « Mignonne allons voir si la rose
. . . », que Dumas, avec la désinvolture qui le caractérise, imagine
dédié à la duchesse [10]. On a beau jurer par « la mort-Dieu »,
« tête-Dieu », « Pâques-Dieu », comme chez Vitet, le langage reste
celui du XIXe siècle, et les mignons parlent comme de jeunes
dandies de 1829. Cet effort de reconstitution superficielle se retrouve également dans les décors et dans les costumes [11]. Malgré
tout, ces notes d'ambiance historique jetées çà et là suffisaient à
maintenir la vraisemblance auprès d'un public qui n'était point
encore critique à cet égard, et *Henri III* donnait le ton aux drames
historiques romantiques à venir.

La pièce présentait la plupart des caractéristiques du drame
romantique des années 30. Histoire d'amour à la faveur d'un panorama historique dans un cadre libéré des conventions classiques,
ses mérites tenaient au talent dramatique de l'auteur, à son
art des combinaisons et de la mise en scène pour la continuité du
mouvement et pour la progression de l'émotion. Quant aux défauts,
ils provenaient de la superficialité des caractères, de la superficialité de l'étude historique, et de l'exploitation d'un pathétique
extérieur recherchant l'émotion non pas au niveau de l'analyse
psychologique, mais dans le spectacle d'effusions et de violences
scéniques dignes du mélodrame.

Dumas, plus que tout autre romantique, devait s'attarder à
cette veine nationale qui lui fournit encore le sujet de plusieurs
drames ; d'abord avec *Napoléon Bonaparte ou 30 ans de l'histoire*

---

(9) Acte II, sc. 1.
(10) Acte III, sc. 2.
(11) Voir la thèse de Marie-Antoinette Allévy, *Edition critique d'une mise
en scène romantique : indications générales pour la mise en scène de Henri
III et sa cour* (Paris : Droz, 1938).

de France [12], pièce destinée à faire revivre les grands épisodes de l'épopée napoléonienne, mais qui se limite à des esquisses de tableaux superficiels, quoique vivants, à cause de l'ampleur du sujet ; puis avec *Charles VII chez ses grands vassaux* [13], sorte de tragédie encombrée de vers maladroits et d'une idée philosophique à la manière d'Hugo, celle que « la nature a organisé chaque individu en harmonie avec le lieu où il doit naître, vivre et mourir » [14]. C'est le sarrasin déraciné, Yacoub, sur lequel repose l'action dramatique avec ses motifs de haine, d'amour et de vengeance, qui est la personnification de cette idée, à la faveur d'un cadre pris dans la guerre de cent ans. Quant à ses œuvres ultérieures, la vérité historique y joue un rôle de moins en moins important, et les personnages de l'histoire tendent à disparaître au profit de personnages fictifs : c'est l'évocation fantaisiste du Moyen Age avec *La Tour de Nesle* [15], et celle de l'époque Louis XV avec *Melle de Belle Isle* et *Un Mariage sous Louis XV* [16].

Contrairement à Dumas qui avait pu faire représenter son *Henri III* sous le règne de Charles X, les deux autres représentants du drame romantique national, Vigny et Hugo, durent attendre l'avènement au trône de la branche cadette des Bourbons et la quasi-liberté accordée par la censure pour porter à la scène leurs essais dramatiques conçus ou même composés sous la Restauration. Tous deux avaient en effet choisi un sujet dangereux entre tous, car il montrait la royauté sous un jour peu favorable : le règne de Louis XIII.

La Maréchale d'Ancre d'Alfred de Vigny doit être envisagée dans un certain rapport avec l'actualité. Pris dans la fièvre nationale des années 20, Vigny avait commencé par jeter sur papier le plan d'une « Brunehaut et Mérovée » qui resta d'ailleurs à l'état de projet, puis il avait publié des fragments de poésie sur Clovis. Mais ce fut lors des recherches entreprises pour son roman

---

(12) Drame en 23 tableaux représenté avec succès à l'Odéon le 10 janvier 1831 avec Frédérick Lemaître dans le rôle de l'empereur. Le soin de reconstitution historique dans la mise en scène et les décors fut particulièrement loué. Voir à ce sujet Maurice Descotes, *Le drame romantique et ses grands créateurs* (Paris : P.U.F., 1955), p. 177.

(13) Tragédie en 5 actes et en vers, représentée avec un égal succès à l'Odéon le 20 octobre 1831.

(14) A. Dumas, *Théâtre complet* (Paris : Michel Lévy frères, 1863), II, 71.

(15) Drame en 5 actes et 9 tableaux, représenté à la Porte Saint-Martin, le 29 mai 1832.

(16) *Mlle de Belle Isle*, drame en 5 actes et en prose fut représenté au Théâtre-Français le 12 avril 1839, et le *Mariage sous Louis XV*, comédie en 5 actes, le 1er juin 1841.

Cinq-Mars qu'il trouva la matière de ce qui devait être son unique drame national [17]. *La Maréchale d'Ancre*, dont il commença la rédaction un mois après la Révolution de Juillet et qu'il acheva en trois mois, était, entre autres, une sorte de commentaire sur le destin des Bourbons. « A vrai dire », note Fernand Baldensperger, « la fatalité qui venait en trois jours d'emporter la branche aînée des Bourbons, restaurée après tant d'efforts, ne laisse pas de peser d'un poids singulier sur la conception historique dont Vigny veut donner [...] une transcription concrète : un Talion mystérieux [...] opère dans la destinée des puissants » [18].

La pièce fut représentée à l'Odéon le 21 juin 1831. La première en fut d'ailleurs interrompue à cause d'une indisposition de l'actrice, Mlle Georges [19]. Reprise quatre jours plus tard, elle connut une trentaine de représentations cette année là, ce qui témoignait d'un certain succès. Le drame-chronique en prose et la couleur historique, que demandait le public de l'époque, furent sans doute les facteurs de ce succès. Vigny, lui aussi, donnait dans le goût du jour. Sa pièce nous montre la chute du tout-puissant maréchal d'Ancre, Concini, et de sa femme, Léonora Galigaï, favoris de la reine-mère, Marie de Médicis. Mais, à côté de la fresque historique, la haine du peuple contre les favoris, les efforts de Luynes pour mettre Louis XIII, qui touche à sa majorité, sur le trône, l'arrestation par la maréchale de l'insolent prince de Condé, chef du parti des mécontents, l'emprisonnement et le procès de la maréchale, Vigny n'oublie pas l'élément romanesque. Il produit un personnage fictif, Borgia, Italien aimé de la maréchale avant son mariage, et qui arrive à la cour avec l'intention de se venger de l'infidèle et de son rival. Porteur d'une lettre qui révèle la culpabilité de Concini dans l'assassinat d'Henri IV, c'est autour de lui que tourne le drame. C'est lui qui, travaillant à exciter contre le couple la colère du peuple, provoque l'arrestation et la condamnation de Léonora ainsi que la mort de Concini.

Il n'est guère question dans cette pièce de fidélité intrinsèque à l'histoire. La violation de la vérité historique se trouve à la fois dans l'étude des caractères et dans le fond du sujet. Si Vigny, en effet, conserve le portrait traditionnel de Concini, celui d'un

---

(17) On ne peut en effet considérer *Quitte pour la peur* comme une comédie nationale, car bien que l'époque soit celle du règne de Louis XVI, les personnages et les événements en sont fictifs.
(18) A. de Vigny, *Théâtre* (Paris : Louis Conard, 1927), Vol. II, notes et éclaircissements de Fernand Baldensperger, p. 354.
(19) Les autres rôles principaux étaient distribués de la façon suivante : Concini, Frédérick ; Borgia, Ligier ; et Isabella, Mlle Noblet.

parvenu ambitieux, cupide et débauché, s'attirant la haine de tous autant par l'étalage de son luxe que par sa morgue et sa cruauté, il fausse totalement, par contre, celui de son personnage principal, la maréchale d'Ancre. De cette fille d'un menuisier florentin, sœur de lait de Marie de Médicis qui, selon l'histoire, fut opportuniste, vulgaire, insolente et foncièrement méchante, il fait une héroïne romantique remarquable en tous points par sa beauté, son intelligence supérieure, sa générosité envers le peuple, et sa vertu en dépit des débauches de son répugnant époux. Il en fait également une mère, une sorte de Kitty Bell avant la lettre, tremblant pour l'avenir de ses enfants. Or, il semble bien que ce sentiment maternel n'ait guère eu de fondement dans la réalité [20], et que cette fine étude psychologique de la favorite désabusée, de l'amante et de la mère témoigne d'une complexité que l'original, vraisemblablement, était loin de connaître. Bref, Vigny fait de sa maréchale une victime, ignorant la participation de Concini à l'assassinat de Henri IV, mais payant avec lui le prix du crime. La figure de son héroïne ne cesse en fait de grandir jusqu'à la fin de la pièce où elle se termine en apothéose par une sorte de martyre semblable à celui de Jeanne d'Arc.

Mais plus historien que Dumas, c'est en toute connaissance de cause que Vigny trahit la vérité historique. Son esthétique personnelle, élaborée dès *Cinq-Mars*, accorde en effet la prééminence à ce qu'il appelle la vérité artistique. Dans ses *Réflexions sur la vérité dans l'art*, il la définit en ces termes : c'est « lorsque la MUSE vient raconter, dans ses formes passionnées, les aventures d'un personnage que je sais avoir vécu, et qu'elle recompose ses événements selon la plus grande idée de vice ou de vertu qu'on puisse concevoir de lui, réparant les vides, voilant les disparates de sa vie, et lui rendant cette unité parfaite de conduite que nous aimons à voir représentée même dans le mal » [21]. Plus importante que l'histoire est l'idée que le poète se fait des événements et des caractères. Quant à la signification morale, elle est centrale à cette conception : Vigny ne se sert de noms historiques que pour construire son drame autour d'une idée morale, celle de l'expiation d'un crime, l'assassinat d'Henri IV par Concini. Il ne s'agit là, bien sûr, que d'une interprétation artistique, n'offrant pas même les arguments plausibles qui étaient ceux de dramaturges historiens

---

(20) Emma Sakellaridès, *Alfred de Vigny auteur dramatique* (Paris : éditions de la Plume, 1902), p. 92.
(21) A. de Vigny, *Réflexions sur la vérité dans l'art*, en tête de *Cinq-Mars* (Paris : Gosselin, 1833), p. 19.

tels que Legouvé ou Roederer. Pris dans la vague d'érudition historique du moment, Vigny invoque pourtant les pièces relatives au procès de Concini et de la Galigaï, ainsi que les Mémoires de Sully pour donner quelque poids à sa thèse :

> Si je donne ces documents, ce n'est pas qu'à mon sens [. . .] il soit bien nécessaire qu'une œuvre d'art ait toujours pour autorités un parchemin par crime et un in-folio par passion ; ce n'est pas non plus que j'aie la moindre crainte d'avoir calomnié Concino Concini [. . .], mais j'ai dit mot de cela pour faire savoir que cette pensée d'une expiation inévitable qui remplit le drame, qui en corrobore la fable, et à laquelle j'ai fait céder quelquefois l'histoire, avait cependant une base plus solide qu'on ne l'a pu croire [22].

C'est d'ailleurs dans le but de montrer l'expiation qu'il invente une pièce à conviction, la lettre de Borgia prouvant la culpabilité de Concini dans le meurtre ; c'est encore dans ce but qu'il fait symboliquement périr Concini sur la borne même de Ravaillac. Quant à la maréchale, elle doit partager le sort de son inique époux, et l'on retrouve là une idée chère à l'auteur, celle de l'expiation par un être innocent de la faute d'un coupable, idée qui reviendra sous forme de thème dans ses poèmes des *Destinées*. De même la présence de la fatalité, qui dominera les *Destinées*, se retrouve tout au long de la pièce : « Ah ! je sens que je suis perdue : j'ai beau lutter, le destin a été le plus fort. Ah ! je sens que je suis perdue, perdue ! », s'écrie la maréchale dans sa prison [23]. Cette idée est centrale à la composition de l'œuvre, comme l'indique l'avant-propos : « Au centre du cercle que décrit cette composition, un regard sûr peut entrevoir la Destinée, contre laquelle nous luttons toujours, mais qui l'emporte sur nous dès que le caractère s'affaiblit ou s'altère, et qui, d'un pas très sûr, nous mène à des fins mystérieuses, et souvent à l'expiation, par des voies impossibles à prévoir » [24].

Ces thèmes philosophiques et moraux qui devaient être ceux de l'œuvre future de Vigny, ce besoin de refaire l'histoire selon une certaine idée artistique, étaient l'apport personnel de l'auteur à un drame se situant par ailleurs dans le courant inauguré par Roederer, Vitet et Dumas. L'étude psychologique et morale l'emportait

---

(22) Vigny, *Théâtre*, II, 67 (en note à l'acte II, sc. 7).
(23) Acte IV, sc. 6.
(24) Vigny, *op. cit.*, II, 3.

sur la reconstitution historique et annonçait l'évolution du dramaturge vers la conception du drame de la pensée [25].

Marion de Lorme, première pièce dans laquelle Victor Hugo s'inspirait de l'histoire de France, fut composée quatre mois après la parution du *Henri III* de Dumas. Commencée en effet le 1er juin, elle fut terminée le 27 du même mois, avant *Hernani*, et lue en juillet chez le peintre Dévéria devant un auditoire de romantiques enthousiastes qui comprenait, entre autres, Dumas, Vigny, Sainte-Beuve, Soumet, Balzac, Delacroix et Musset. L'Odéon et le Théâtre de la Porte-Saint-Martin se disputèrent immédiatement la primeur de l'œuvre, mais c'est au Théâtre-Français qu'Hugo réserva sa pièce. Celle-ci fut reçue le 14 juillet à l'unanimité par le comité de lecture du Français, et aussitôt mise à l'étude. Mais c'était ne pas compter sur la censure, qui arrêta *Marion* « comme donnant à la royauté, à un Bourbon, dans la personne de Louis XIII, un rôle trop abaissé » [26]. Il ne s'agissait plus, en effet, d'un simple prédécesseur du monarque régnant, stipulation par laquelle le *Henri III* de Dumas avait réussi à passer la censure, mais d'un Bourbon, d'un aïeul de Charles X, et cette fois, les censeurs furent inflexibles. Les démarches que fit Hugo auprès du ministre Martignac, auprès du roi, celle même du baron Taylor, administrateur du Théâtre-Français, à Saint-Cloud, se révélèrent vaines. Lors de l'audience qu'il accorda au poète [27], Charles X se montra particulièrement aimable. Il offrit même de porter la pension dont jouissait Hugo de 2400 à 6000 livres, à titre de dédommagement [28], mais il se crut obligé de maintenir son refus. La pièce ne put être représentée avant le 11 août 1831, deux mois après la *Maréchale d'Ancre* de Vigny, et deux ans après avoir été composée [29]. Dans sa préface, Hugo se défendit pourtant d'avoir voulu faire une œuvre politique et éphémère, comme il était de mise à l'époque et comme semblait l'indiquer le veto de la censure : « C'est Louis XIII qu'il avait voulu peindre, dans sa bonne foi d'artiste, et non tel de ses

---

(25) Dumas, qui avait eu l'intention de traiter lui-même le sujet, fait la critique de la pièce de Vigny dans ses *Mémoires*. Cette critique est indicative de la différence de tempérament dramatique entre les deux auteurs : « *La Maréchale d'Ancre* est plutôt un roman qu'une pièce de théâtre. L'intrigue est trop compliquée dans les coins [...] et trop simple dans le milieu. La maréchale tombe sans lutte, sans péripétie, sans se retenir à rien : elle glisse, et elle est à terre » *(op. cit.*, VIII, 171).
(26) Th. Muret, *op. cit.*, II, 328.
(27) Cette audience est rapportée par Dumas dans ses *Mémoires*, V, 262-67.
(28) *Ibid.*, p. 267.
(29 *Marion de Lorme* fut créée non pas au Théâtre-Français mais au théâtre de la Porte-Saint-Martin où elle connut 24 représentations successives avec Marie Dorval dans le rôle de la courtisane, Bocage dans celui de Didier, et Gobert dans celui de Louis XIII.

descendants » [30]. C'est pour cette raison que *Marion*, qui se voyait assurée d'un succès politique à la suite de la Révolution de Juillet, dut attendre deux ans et le « dégorgement des cartons de la censure » [31] avant de se produire. En prétendant à une œuvre purement littéraire, l'auteur refusait en effet de se contenter des suffrages accordés aux pièces de circonstance, et recherchait un succès durable.

Avec la Monarchie de Juillet et l'assouplissement de la censure, Hugo déclarait enfin arrivée l'heure du drame « national par l'histoire, populaire par la vérité, humain, naturel, universel par la passion » [32], dont sa pièce se voulait le prototype. L'intrigue principale était purement fictive : elle se réduisait à l'amour romanesque unissant un certain Didier à la célèbre courtisane de l'histoire, Marion de Lorme. Cet amour se voyait menacé par le passé de Marion et surtout par un édit du cardinal Richelieu condamnant à mort tout duelliste. Didier, pris en faute, ne pouvait obtenir la grâce du roi, ni celle du cardinal, et refusait de s'échapper grâce au sacrifice de Marion qui allait, dans ce but, jusqu'à marchander ses faveurs au lieutenant criminel. Didier était finalement exécuté après avoir pardonné à Marion son passé immoral.

Quant à la reconstitution historique que laissaient présager les théories de la *Préface de Cromwell*, elle se révélait ou superficielle comme dans la mise en scène de l'époque, ou même franchement erronée comme dans la caractérisation de la figure de Richelieu.

La *Préface* avait en effet clamé que « le drame doit être radicalement imprégné de la couleur des temps », que cette couleur devait « en quelque sorte y être dans l'air, de façon qu'on ne s'aperçoive qu'en y entrant et qu'en sortant qu'on a changé de siècle et d'atmosphère » [33]. Elle avait préconisé l'étude des chroniques, la reproduction de la réalité des faits et « surtout celle des mœurs et des caractères, bien moins léguée au doute et à la contradiction que les faits » [34]. Pourtant, ce n'était pas au cœur de l'œuvre comme il l'annonçait qu'Hugo mettait la couleur locale, c'était à la surface, dans les détails matériels. Ainsi, il choisissait

(30) V. Hugo, *Œuvres complètes* (Paris : J. Hetzel & Cie, A. Quantin & Cie, 1880-1889), XXIX, 166.
(31) *Ibid.*, p. 164.
(32) *Ibid.*, p. 168.
(33) V. Hugo, *Préface de Cromwell* (Paris : Garnier-Flammarion, 1968), p. 91.
(34) *Ibid.*, p. 90.

l'époque de Louis XIII comme on choisit un décor, peut-être aussi
parce que ce décor était à la mode depuis le *Cinq-Mars* de Vigny.
A partir de cette toile de fond, il improvisait, sans plus se soucier
de la vérité historique. Il n'est pas jusqu'aux touches de couleur
locale dans les indications scéniques qui ne semblent sorties tout
droit de sa fantaisie. On lit ainsi en tête de l'acte III :

> Château de Nangis : un parc dans le goût de Henri IV. Au
> fond, sur une hauteur, on voit le château de Nangis, neuf
> et vieux. Le vieux, donjon à ogives et tourelles, le neuf,
> maison haute, en briques, à coins de pierre de taille, à toit
> pointu. La grande porte du vieux donjon est tendue de noir,
> et de loin on y distingue un écusson, celui des familles de
> Nangis et de Saverny.

Quant aux indications de costumes, rien n'est plus vague : Marion
de Lorme, « négligé très paré » ; le marquis de Saverny, « Vêtu
à la dernière mode de 1638 » [35] ; le marquis de Nangis, « habit à
la mode de Henri IV » [36]. Nous sommes loin des savantes reconstitutions de Vitet. Vigny lui-même était plus précis dans ses indications de costumes pour la *Maréchale d'Ancre*. Hugo, quant à lui,
laisse au costumier le soin de ces détails. On note pourtant quelque
effort en ce qui concerne le réalisme des mœurs, avec la mise
en scène de l'édit, du duel, de la troupe de comédiens. Mais seul
l'acte IV témoigne de prétentions historiques véritables, car il intro-
duit le personnage de Louis XIII. Le portrait qu'il nous en donne
est celui d'un roi faible, dont les velléités d'indépendance passa-
gères aboutissent irrémédiablement à une soumission totale à la
volonté du cardinal. Ce fut cet acte qui, en 1829, attira à la pièce
le veto de la censure. Quant au cardinal, si le spectateur n'entend
que sa voix et les mots : « Pas de grâce ! » qui sonnent le glas de
l'irrémédiable dénouement avant le rideau final, il pèse sur la pièce
et sur les personnages comme une ombre fatale. Hugo nous le
présente de façon partiale, en tant que tyran absolu, sanguinaire,
implacable. Cet « homme rouge » [37], que Marion désigne à l'horreur
publique dans la dernière scène, oblitère entièrement le génie
politique qui est l'image que l'histoire, elle, a conservé du personnage. Une déformation semblable du caractère de Richelieu se
trouvait déjà dans le *Cinq-Mars* de Vigny, et il est probable que
c'est là qu'Hugo a emprunté les traits de son cardinal. Le caractère
de Marion de Lorme subit des transformations tout aussi arbitrai-

---

(35) Acte I, sc. 1.
(36) Acte III, sc. 1.
(37) Acte V, sc. 7.

res. De cette courtisane célèbre du XVIIᵉ siècle, il fait une femme sensible et romanesque à la recherche d'une purification par l'amour et par la souffrance. Cette idée morale, qu'il met au centre de la pièce, est en effet inhérente à sa conception du drame : le mélange des forces antithétiques du bien et du mal. Comme Vigny, il ne se fait donc pas scrupule de faire céder la vérité historique à sa propre vérité dramatique. Quant aux autres personnages, ils sont inventés. Didier, en particulier, principal protagoniste du drame face à Marion, est une ébauche d'Hernani, un héros fatal, maudit par la destinée, une figure éminemment romantique qui n'appartient guère au cadre du XVIIᵉ siècle.

La pièce, on le voit, fait beau jeu des théories historiques énoncées deux ans auparavant dans la *Préface de Cromwell*, mais elle se trouve en conformité avec les applications du drame romantique données jusque là par Dumas et Vigny. *Marion* est bien en effet une fiction dramatique dans laquelle le panorama historique confère intérêt et puissance de vie à l'étude psychologique ou morale [38].

De l'étude de ces pièces, on peut déduire certaines caractéristiques communes au drame romantique qui s'inspire de l'histoire de France. Contrairement aux auteurs de tragédies nationales classiques, comme Raynouard, Lemercier et Ancelot qui se réfugient presque exclusivement dans le Moyen Age, les dramaturges romantiques se tournent vers l'histoire plus récente du XVIᵉ et du XVIIᵉ siècle. Mais contrairement aux auteurs de scènes historiques, l'histoire chez eux n'est qu'un prétexte, un décor commode qui répond au goût du jour et qu'ils rendent vraisemblable à grands renforts de couleur locale dans les détails matériels. Ils ne se rendent jamais esclaves de la vérité historique, vérité de faits ou de caractères. Ils en font bon marché. L'histoire cède toujours le pas à la création poétique. C'est à une interprétation subjective et fortement romancée que l'on a affaire, car ils prêtent à leurs personnages leurs idées, leurs sentiments, leurs passions et jusqu'à leur langage d'hommes de 1830. C'est ainsi qu'on aboutit, dans les cas extrêmes, à une distorsion complète du caractère historique, comme avec

---

(38) Hugo devait persister dans cette veine nationale avec *Le Roi s'amuse*, drame en 5 actes et en vers qui fait de François 1ᵉʳ un Don Juan de la pire espèce et qui pour cette raison fut suspendu à sa 2ᵉ représentation au Théâtre-Français le 23 novembre 1832 ; puis avec *Les Jumeaux*, autre drame en vers sur le masque de fer, frère jumeau présumé de Louis XIV, commencé en juillet 1839 mais abandonné le 23 août suivant « pour cause de maladie » selon le manuscrit. (Voir Jules Marsan, *La Bataille romantique*, 2ᵉ série (Paris : Hachette, 1912], p. 102.).

Saint-Mégrin, la maréchale d'Ancre, ou Richelieu. De plus, ils ne s'embarrassent guère d'ajouter au sujet nombre de personnages principaux fictifs qui, comme Borgia ou Didier, tiennent des rôles dramatiques essentiels à l'action, et fournissent l'élément romanesque qui vient violer la vérité historique. Leur pièces sont plutôt des études psychologiques et morales que des fresques historiques, et souvent, ce qui est nouveau au théâtre national, elles contiennent une thèse : c'est la courtisane réhabilitée par l'amour dans *Marion*, le crime expié par le châtiment inévitable dans la *Maréchale d'Ancre*, l'exacerbation et le déclenchement des passions provoqués par le déracinement des êtres dans *Charles VII chez ses grands vassaux*. La fidélité à l'histoire n'est pas le fort des romantiques. Ils sont spécialistes de la couleur locale, de l'atmosphère historique, mais, selon le mot juste de Souriau, leurs pièces « n'ont d'historique que le début et le dénouement, tout le reste n'est que roman » [39].

Ainsi avortait l'effort de dramatisation fidèle de l'histoire entrepris par le président Hénault et poursuivi par les auteurs de scènes historiques. Mais en incorporant l'éternel élément humain, moral et philosophique au drame historique, le drame romantique affirmait sa supériorité créatrice et prouvait par là même son caractère de durabilité.

---

(39) Maurice Souriau, *De la convention dans la tragédie classique et dans le drame romantique* (Paris : Hachette, 1855), p. 245.

CONCLUSION

Cette vue d'ensemble du courant national au théâtre se situe entre deux changements de régime, du lendemain de la Révolution, époque à laquelle la France commence à prendre conscience de son patriotisme, jusqu'en 1830 qui en est l'aboutissement avec le drame romantique.

Suivant en cela le mouvement littéraire général, la conception du théâtre national devait nécessairement évoluer pendant ces trois décennies. S'ils partent d'un même effort de renouvellement de la matière dramatique et s'ils puisent dans un même héritage historique, les dramaturges nationaux de la période se séparent en effet selon les deux écoles littéraires qui dominent au début du XIXe siècle :

De 1800 jusque vers 1825, l'esthétique classique reste toute puissante, et, bien qu'ils innovent par le choix d'un sujet pris dans l'histoire de France, les auteurs s'y conforment pour ce qui est du moule et des conventions. Pourtant, dès 1800, il est possible de prévoir une évolution vers ce qui sera le romantisme. Ainsi, le *Guillaume le Conquérant* d'Alexandre Duval prêche l'exemple des théâtres étrangers anglais et allemand, viole les unités, et assume la forme du drame qui lui permet de mettre en scène des personnages de toutes conditions et d'alterner les scènes riantes avec les situations tragiques. De même, le *Montmorenci* de Carrion-Nisas par sa conception du héros fatal et par sa distorsion unilatérale du personnage de Richelieu, la *Mort de Henri IV* de Legouvé par sa peinture de l'individu sous l'homme d'Etat, et par l'importance accordée à la documentation historique, sèment les germes du romantisme en dépit de leur facture classique. A partir de 1819, cette tendance vers la nouvelle esthétique se précise avec l'effort de Delavigne dans *les Vêpres Siciliennes* pour donner prééminence à l'action par rapport aux récits, avec celui de Lemercier dans *la Démence de Charles VI* pour incorporer le drame humain à l'élément historique, enfin avec celui de Soumet dans sa *Jeanne d'Arc* pour susciter l'émotion par l'emploi d'effets mélodramatiques, tel le spectacle même du martyre de l'héroïne. Vers 1825 apparaît un genre de transition : les scènes historiques, moyen terme entre le théâtre et l'histoire, et qui, n'étant pas destinées à la représentation, brisent avec les conventions classiques, préparant ainsi les esprits aux hardiesses romantiques sur scène. Enfin, en 1829, c'est l'avènement du drame national romantique avec le trio formé par Dumas, Vigny et Hugo.

On retrouve, de 1800 à 1830, les trois grandes traditions inaugurées par les théoriciens du théâtre national au XVIII⁰ siècle. La tragédie historique à commentaire d'actualité politique de Marie-Joseph Chénier se perpétue grâce au *Clovis* et au *Charles VI* de Lemercier, aux *Vêpres Siciliennes* de Delavigne et à l'œuvre nationale d'Ancelot. La tradition patriotique de Du Belloy se retrouve dans le *Guillaume* de Duval, dans la *Jeanne d'Arc* de Soumet et dans celle de d'Avrigny. Enfin la tradition historienne du président Hénault, avec la mise en action des mémoires, est reprise par les auteurs de scènes historiques, principalement d'Outrepont, Roederer et Vitet. Quant aux romantiques, ils ne relèvent d'aucune de ces trois traditions. Ils en créent une quatrième : la mise en scène, à la faveur d'un cadre historique, d'une histoire romancée à thèse morale ou philosophique.

Certains traits généraux se dégagent de l'étude du théâtre national pendant les trois décennies :

D'abord, on remarque que le nombre des tragédies l'emporte de beaucoup sur celui des comédies. Dans ce dernier genre, on ne compte guère que Lemercier et Roederer, et leurs essais ne furent d'ailleurs jamais représentés. Le sous-développement du genre tient évidemment à des raisons de censure dramatique, et non à un manque de matière comique dans l'histoire nationale. Les scènes historiques et le drame romantique tenteront de combler cette lacune en pratiquant le mélange des genres.

L'élément amoureux, très souvent, ne joue aucun rôle dans la tragédie nationale, comme chez Aignan, Raynouard, d'Avrigny, Soumet, et dans les premières pièces d'Ancelot ; ou bien il doit se contenter d'un rôle de second plan, comme dans les tragédies de Lemercier et dans *La Mort de Henri IV* de Legouvé ; ou encore d'un rôle épisodique et accessoire, comme chez Roederer et Vitet. Seuls, les romantiques lui donneront la première place en l'incorporant étroitement à l'intrigue historique.

Enfin la tragédie nationale classique et le drame national romantique tendent à être ou politiques ou moraux, en tout cas didactiques et porteurs d'un message. La politique, en particulier, joue un grand rôle dans l'histoire du théâtre national, à la fois comme motif et comme condition au développement du genre. Le mouvement national au théâtre qui, à la suite de Hénault, Du Belloy, Mercier et Chénier, et au lendemain de la Révolution, se trouve prêt à s'épanouir, se voit en fait freiné par l'extrême rigidité de la censure impériale, d'où la prédominance des pièces à sujet antique de 1800 à 1814. La Restauration, par contre, avec l'assouplissement du système censorial, est marquée par une activité dramatique intense dans le domaine de l'histoire nationale, et on aboutit à une prédominance croissante de ce genre de pièces pendant les dix dernières années : en 1830, le drame national a totalement éclipsé la tragédie classique à sujet antique. Quant aux motifs politiques qui se retrouvent à l'intérieur des pièces elles-mêmes, ils tiennent au caractère de la littérature de l'époque : le théâtre reste la tribune, le moyen par excellence d'exprimer une opinion politique. Ainsi se perpétue la tradition du *Charles IX* de Chénier. La propagande politique se camoufle sous un air historique et esquisse un parallèle entre le passé et le présent, que ce soit en faveur du régime existant comme avec les pièces de circonstance de l'Empire ou l'œuvre d'Ancelot sous la Restauration, ou que ce soit en faveur de l'opposition comme avec le *Clovis* et le *Charles VI* de Lemercier, et *les Vêpres Siciliennes* de Delavigne.

La recherche, au théâtre, de sujets nationaux destinés à remplacer les sujets antiques, relève d'une tradition inaugurée dès le XVe siècle mais qui commence surtout à s'affirmer à partir du XVIIIe [1]. Les théoriciens du mouvement cherchent à lui donner des lettres de noblesse en prétendant revenir, par delà le XVIIe siècle classique, à une imitation mieux comprise des Grecs, avec la mise en scène, à leur exemple, de l'histoire nationale, mais de l'histoire française puisqu'il s'agit de la France, et non plus grecque ou romaine comme l'avaient fait les classiques du XVIIe siècle. En fait, le genre doit son succès à des raisons politico-sociales : la prise de conscience patriotique au lendemain de la Révolution oriente le goût du public vers cet héritage que constitue le passé commun de la nation. La vogue des sujets nationaux au début du XIXe siècle. ne se retrouve d'ailleurs pas qu'au théâtre, mais aussi en poésie et dans le roman. Elle n'est que l'une des manifestations de l'éveil de cet esprit historique qui devait aboutir à la constitution d'une science de d'histoire dans la première moitié du siècle.

---

(1) Voir la thèse de G.B. Daniel, *op. cit.*, sur la tradition nationale de 1552 à 1800.

Parmi les époques traitées, certaines sont indiscutablement l'objet de préférence des auteurs. Trois périodes dominent entre toutes : de 1800 jusque vers 1825, c'est le pré-Moyen Age et le Moyen Age, avec une prédilection marquée pour les règnes de Charlemagne, de Clovis, de Frédégonde et Brunehaut, de Louis IX, et de Charles VI. C'est à partir de 1825 surtout qu'on s'aventure dans l'histoire plus récente : les XVIe et XVIIe siècles, la Révolution et l'Empire. Le XVIe siècle, avec le règne de Henri III et l'épisode de la Saint-Barthélémy, se révèle particulièrement à l'honneur, de 1825 à 1830.

Ces préférences tiennent d'abord à des raisons de censure. Pour s'assurer l'approbation des censeurs et pouvoir être représentées, les pièces nationales doivent en effet rechercher des sujets peu susceptibles de provoquer les passions politiques des spectateurs. Or, quoi de plus propice à cet égard que l'histoire lointaine avec laquelle il n'est guère possible au public de s'identifier ? Le pré-Moyen Age et le Moyen Age satisfont particulièrement à ces conditions. Quant au XVIe siècle, et surtout au XVIIe siècle, à la Révolution et à l'Empire, ils sont mis à l'index par la censure. Seul, le *Henri III* de Dumas réussit à obtenir son laissez-passer. Les autres essais dramatiques doivent se contenter de la publication, ou attendre des conditions censoriales plus favorables.

Ces préférences tiennent également à des raisons littéraires. Le manque de documents pour les époques antérieures à la découverte de l'imprimerie confère à ces sujets une auréole de légende, semblable à celle de l'histoire gréco-romaine, laissant par là aux auteurs pleine liberté de mêler la fiction poétique aux faits historiques sans craindre d'offenser les connaissances du public. Ce sont ces sujets de l'histoire lointaine qui subiront en général des traitements classiques. Quant au XVIe siècle, plus récent et bénéficiant de l'abondance des documents et des témoignages laissés par l'imprimerie, il se prête moins facilement à l'idéalisation. C'est pourquoi les dramaturges qui le choisissent, tels Legouvé, Raynouard, Roederer et Vitet, le traitent en historiens, en érudits, et joignent mainte pièce justificative à l'appui de leurs pièces. De tels scrupules ne retiennent pourtant pas les dramaturges romantiques qui, bien qu'ils traitent de ce même XVIe siècle comme Dumas, ou même du XVIIe siècle comme Vigny et Hugo, ne s'embarrassent guère de la vérité historique, quitte à choquer les connaissances de leur public. Il est d'ailleurs intéressant de noter que c'est vraisemblablement sous l'influence des scènes historiques que le drame romantique à ses débuts tend à traiter des sujets de préférence nationaux. Ce n'est que par la suite qu'il se tourne presque exclusivement vers l'histoire étrangère qui lui laisse une plus grande liberté d'interprétation, se révélant par là plus propice à son tempérament.

Par ailleurs, il n'était guère possible de demander au théâtre national l'impératif catégorique de fidélité intrinsèque à l'histoire. De par sa conception même, en effet, le théâtre pose aux événements et aux caractères des conditions de choix, de découpage, de durée et d'espace. Seuls les auteurs de scènes historiques, qui n'ont pas à se mesurer avec les exigences de la représentation, peuvent prétendre à une telle fidélité. Mais leurs tentatives, on l'a vu, appartiennent plus au domaine de l'histoire qu'à celui du théâtre : l'asservissement total à l'érudition, rendant impossible toute création poétique, voue le genre à l'impasse. Par contre, ni les auteurs de tragédies nationales classiques, ni les créateurs du drame national romantique qui, eux, visent à la représentation de leurs œuvres, ne restent fidèles à l'histoire. Leurs transgressions sont, bien sûr, d'ordre différent. Chez les classiques, elles tiennent d'abord aux conventions que leur impose une esthétique rigide : il leur faut apporter au sujet une certaine sélection et un certain agencement de la réalité historique pour pouvoir contenir les faits dans les bornes des unités et des bienséances. Il leur faut donner la prééminence à la peinture des caractères et aux récits. L'histoire ne leur fournit donc que le schéma dynamique d'une action qu'ils enjolivent le plus souvent en la chargeant de péripéties fictives. Quant aux romantiques, l'étude appliquée des chroniques, qu'ils préconisent par réaction contre l'école classique, reste chez eux à l'état de théorie. Dans la pratique, on les voit prendre avec l'histoire des libertés toutes aussi grandes que l'avaient fait les classiques, et la seule évolution qui, de 1800 à 1830, se manifeste à cet endroit, est une évolution dans le sens de la couleur locale. Les tragédies nationales restent fades et ne cherchent nullement à ressusciter l'atmosphère historique, à tel point que, si l'on fait abstraction des noms pris dans l'histoire de France, les pièces d'un Legouvé, d'un Raynouard ou d'un Lemercier peuvent se situer n'importe où et n'importe quand. A cette impersonalité, les romantiques substituent le décor, l'atmosphère d'époque à grands renforts de traits de mœurs et de détails matériels. Mais dans ce cadre historique, l'élément romanesque, philosophique et moral est prépondérant. Si les classiques violent l'histoire pour des raisons de dramaturgie, les romantiques la violent parce qu'ils sont poètes.

1830 marque l'aboutissement du mouvement national. Si, avec le passage d'un régime autoritaire à un régime plus libéral dont l'une des conséquences est l'élargissement de la censure, la veine nationale va encore être exploitée pendant les dix années à venir, les différents courants ne présentent plus d'évolution définitive,

Terrassée par le drame romantique, la tragédie nationale classique est morte. Les scènes historiques, genre qui profite le plus des nouvelles conditions censoriales, tendent de 1830 à 1832 vers le roman dialogué et les tableaux où la politique prend la place de l'histoire, et il est désormais difficile de les considérer comme appartenant au théâtre national. Quant au drame romantique, il persiste quelque temps encore dans sa vue romancée de l'histoire de France, avec Dumas et Hugo, avant de se réfugier dans l'histoire étrangère, moins connue du grand public, et par là plus propice à l'adaptation des faits et des caractères.

Le mérite du mouvement national est donc d'avoir mis l'accent sur les richesses offertes par une matière dramatique encore neuve, l'histoire de France. Pourtant, si le genre est encore légitime dans les premières années du XIXe siècle, à une époque où une science de l'histoire n'existe pas encore et où la matière nationale peut se plier aux fantaisies poétiques des dramaturges, à partir des années 20, il devient difficile d'ignorer totalement la vérité historique, et le genre est voué à l'impasse. D'un côté, les scènes historiques, par leurs prétentions historiennes, ne peuvent appartenir tout à fait au genre dramatique, et de l'autre, le drame romantique, par ses déformations fantaisistes de l'histoire au profit du roman, témoigne d'un manque de scrupules qu'il est permis de lui reprocher. C'est la réaction au théâtre de la deuxième moitié du XIXe siècle qui va trancher la question : à la fantaisie succède le réalisme ; à l'histoire, la peinture de la vie contemporaine.

BIBLIOGRAPHIE

LISTE ALPHABÉTIQUE DES PIÈCES ÉTUDIÉES

Les pièces marquées de l'abréviation N.R. n'ont jamais été représentées et sont suivies du lieu et de la date de publication de la première édition.

Pour les pièces précédées d'un astérisque *, qu'il m'a été impossible de me procurer, j'ai dû avoir recours aux résumés donnés par Louis Henry Lecomte dans son ouvrage *Napoléon et l'Empire racontés par le théâtre* (Paris : Jules Raux, 1900).

Attila, tragédie en 5 actes et en vers d'Hippolyte Bis, représentée pour la première fois à l'Odéon le 22 avril 1822.

Attila et le troubadour, tragédie en 5 actes et en vers de Benjamin Antier ; théâtre de la rue de Chartres, 7 février 1824.

Barricades (Les), scènes historiques en prose de Ludovic Vitet, [N.R.], Paris : Brière, 1826.

* *Bataille d'Austerlitz (La)*, poème dramatique en 3 actes et en vers de Raymond, [N.R.], Riom, 1806.

Baudoin empereur, tragédie en 3 actes et en vers de Népomucène Lemercier ; Théâtre-Français, 9 août 1826.

Blanche d'Aquitaine, ou le dernier des carlovingiens, tragédie en 5 actes et en vers d'Hippolyte Bis ; Théâtre-Français, 29 octobre 1827.

Brunehaut, ou les successeurs de Clovis, tragédie en 5 actes et en vers d'Etienne Aignan ; Théâtre-Français, 24 février 1810.

Budget de Henri III, ou les premiers Etats de Blois (Le), comédie historique en 5 actes et en prose de Pierre-Louis Roederer, [N.R.], Paris : Bossange, 1830.

Charlemagne, tragédie en 5 actes et en vers de N. Lemercier ; Théâtre-Français, 27 juin 1816.

Charles VI, tragédie en 5 actes et en vers de Laville de Mirmont ; Théâ-tre-Français, 6 mars 1826.

Charles VII chez ses grands vassaux, tragédie en 5 actes et en vers d'Alexandre Dumas père ; Odéon, 20 octobre 1831.

Clovis, tragédie en 5 actes et en vers de N. Lemercier ; Théâtre-Français, 7 janvier 1830.

Clovis, tragédie en 5 actes et en vers de Jean Viennet ; Théâtre-Français, 19 octobre 1820.

Démence de Charles VI (La), tragédie en 5 actes et en vers de N. Lemer-cier, [N.R.], Paris : Barba, 1820.

Diamant de Charles Quint (Le), comédie historique en 1 acte en prose de P.L. Roederer, [N.R.], parue dans *Comédies, Proverbes, Parades*, Dinan : S.N., 1825.

Dix-huit Brumaire (Le), scènes historiques en prose de la Vicomtesse de Chamilly (pseudonyme de François Adolphe Loeve-Veimars, Augus-te Romieu et Louis Emile Vanderburch), [N.R.], parues dans *Scènes contemporaines et scènes historiques*, Paris : Urbain Canel, 1828.

Duel sous Charles IX (Un), scènes historiques du XVIe siècle en prose de E. Burat-Gurgy, [N.R.], Paris : Lecointe, 1830.

Etats de Blois (Les), tragédie en 5 actes et en vers de François Ray-nouard ; Théâtre-Français, 31 mai 1814.

Etats de Blois, ou la mort de MM. de Guise (Les), scènes historiques en prose de L. Vitet, [N.R.], Paris : Ponthieu, 1827.

* *Fête de Meudon (La)*, divertissement en un acte, mêlé de vaudevilles d'Emmanuel Dupaty, [N.R.], Paris, 1810.

Fouet de nos pères, ou l'éducation de Louis XII en 1469 (Le), comédie historique en 3 actes et en prose de P.L. Roederer, [N.R.], parue dans *Comédies, Proverbes, Parades*, Dinan : S.N., 1824.

Frédégonde et Brunehaut, tragédie en 5 actes et en vers de N. Lemer-cier ; Odéon, 27 mars 1821.

Guillaume le conquérant, drame en 5 actes et en prose d'Alexandre Du-val ; Théâtre-Français, 14 Pluviôse an XII (4 février 1804).

Henri III, drame historique en prose de Stendhal, inachevé. 3e acte pu-blié par J.F. Marshall dans *Illinois Studies in Language and Litera-ture*, vol. XXXVI, no 4. Urbana : University of Illinois Press, 1952.

Henri III et sa cour, drame en 5 actes et prose d'Alexandre Dumas ; Théâtre-Français, 11 février 1829.

Isabelle de Bavière, tragédie en 5 actes et en vers de E.L. de la Mothe-Langon ; Théâtre-Français, 10 octobre 1828.

Jacquerie (La), scènes féodales en prose de Prosper Mérimée, [N.R.], Paris : Brissot-Thivars, 1828.

Jean de Bourgogne, tragédie en 5 actes et en vers de Guilleau de Formont ; Théâtre-Français, 4 décembre 1820.

Jean sans Peur, tragédie en 5 actes et en vers de Pierre Chaumont Liadières ; Odéon, 15 septembre 1821.

Jean sans peur, duc de Bourgogne, scènes historiques en prose de Th. Lavallée, [N.R.] 1re partie : *La Mort du duc d'Orléans, novembre 1407*, Paris : Lecointe, 1829. IIe partie : *Les Bouchers de Paris, 1413*, Paris : Lecointe, 1830.

Jeanne d'Arc, tragédie en 5 actes et en vers d'Alexandre Soumet ; Odéon, 14 mars 1825.

Jeanne d'Arc à Rouen, tragédie en 5 actes et en vers de L'Oeuillard d'Avrigny ; Théâtre-Français, 4 mai 1819.

* *Journée d'Austerlitz, ou la bataille des trois empereurs (La)*, drame historique en 2 actes et en vers de De Charbonnières, [N.R.], Paris, 1806.

Louis IX, tragédie en 5 actes et en vers de Jacques Ancelot ; Théâtre-Français, 5 novembre 1819.

Louis IX en Egypte, tragédie en 5 actes et en vers de N. Lemercier ; Théâtre-Français, 5 août 1821.

Louis XI à Péronne, comédie en 5 actes et en prose de Mély Janin ; Théâtre-Français, 15 février 1827.

Maire du palais (Le), tragédie en 5 actes et en vers de J. Ancelot ; Théâtre-Français, 16 avril 1823.

Malet, ou une conspiration sous l'Empire, esquisse dramatique et historique en prose de M. de Fongeray (pseudonyme de Dittmer et Cavé), [N.R.], parue dans le vol. II des *Soirées de Neuilly*, Paris : Moutardier, 1828.

Maréchale d'Ancre (La), drame en 5 actes et en prose d'Alfred de Vigny ; Odéon, 21 juin 1831.

Marguillier de Saint Eustache (Le), comédie en 3 actes et en prose de P.L. Roederer, [N.R.], Paris : Imbert, 1818.

* *Mariage de Charlemagne (Le)*, tableau historique en 1 acte et en vers de Rougemont ; Odéon, 14 juin 1810.

Marion de Lorme, drame en 5 actes et en vers de V. Hugo ; théâtre de la Porte Saint Martin, 11 août 1831.

Montmorenci, tragédie en 5 actes et en vers de Carrion-Nisas ; Théâtre-Français, 12 Prairial an VIII (31 mai 1800).

Mort de Coligny, ou la nuit de la Saint Barthélémy, 1572 (La), scènes his-historiques de Saint Esteben, [N.R.], Paris : Fournier, 1830.

Mort de Henri III, août 1589 (La), scènes historiques de L. Vitet, [N.R.], Paris : Fournier, 1829.

Mort de Henri III, ou les Ligueurs (La), drame en plusieurs scènes de Charles d'Outrepont, [N.R.], Paris : Didot, 1826.

Mort de Henri IV (La), tragédie en 5 actes et en vers de Gabriel Legouvé ; Théâtre-Français, 25 juin 1806.

Mort de Henri IV (La), fragment d'histoire dialogué de P.L. Roederer, [N.R.], Paris : Lachevardière, 1827.

Mort de Louis XVI (La), scènes historiques en prose d'Armand Ducha-tellier, [N.R.], Paris : Moutardier, 1828.

Mort des Girondins (La), scènes historiques en prose d'A. Duchatellier, [N.R.], Paris : Rapilly, 1829.

Napoléon Bonaparte, ou 30 ans de l'histoire de France, drame en prose et en 23 tableaux d'A. Dumas ; Odéon, 10 janvier 1831.

* *Nuit d'Ulm (Une)*, tableau historique en 1 acte et en prose de Lesage, [N.R.], Paris, 1805.

Proscription de la Saint Barthélémy (La), fragment d'histoire dialogué de P.L. Roederer, [N.R.], Paris : Bossange, 1830.

Réforme en 1560, ou le tumulte d'Amboise (La), scènes historiques en prose de Saint Germeau, [N.R.], Paris : Levavasseur et Canel, 1829.

Richelieu, ou la journée des dupes, comédie en 5 actes et en vers de N. Lemercier, [N.R.], Paris : Ambroise Dupont & cie, 1828.

Roi fainéant, ou Childebert III (Le), tragédie en 5 actes et en vers de J. Ancelot ; Odéon, 26 août 1830.

Saint Barthélémy (La), drame en plusieurs scènes de Charles d'Outre-pont, [N.R.], Paris : Didot, 1826.

Saint Barthélémy (La), scènes historiques en prose de Charles de Rému-sat, [N.R.], Paris : Calmann-Lévy, 1878.

Septembriseurs (Les), scènes historiques en prose d'Hippolyte Régnier d'Estourbet, [N.R.], Paris : Delangle, 1829.

Siège de Paris (Le), tragédie en 5 actes et en vers de Charles Victor d'Ar-lincourt ; Théâtre-Français, 8 avril 1826.

* *Siège de Pavie, ou la gloire de Charlemagne (Le)*, tragédie en 5 actes et en vers de Marie Jacques Armand Boïeldieu, [N.R.], Paris, 1808.

Sigismond de Bourgogne, tragédie en 5 actes et en vers de J. Viennet ; Théâtre-Français, 10 septembre 1825.

Tableau du sacre (Le), scènes historiques en prose de la Vicomtesse de Chamilly, [N.R.], parues dans *Scènes contemporaines et scènes historiques*, Paris : Urbain Canel, 1828.

Tapisserie de la reine Mathilde (La), comédie en 1 acte mêlée de vaudevilles, de Barré, Radet et Desfontaines, Vaudeville, 23 Nivôse an XII (14 janvier 1804).

Templiers (Les), tragédie en 5 actes et en vers de François Raynouard ; Théâtre-Français, 14 mai 1805.

Trois actes d'un grand drame (Le 18 Brumaire, l'abdication de Fontainebleau, le 20 mars), scènes historiques en prose de Léonard Gallois, [N.R.], Paris : Brissot-Thivars, 1828.

Vêpres siciliennes (Les), tragédie en 5 actes et en vers de Casimir Delavigne ; Odéon, 23 octobre 1819.

OUVRAGES CONSULTÉS

ALBERT, Maurice. *La Littérature française sous la Révolution, l'Empire et la Restauration, 1789-1830.* Paris : Hachette, 1898.

ALLEVY, Marie-Antoinette. *Edition critique d'une mise en scène romantique : indications générales pour la mise en scène de Henri III et sa cour.* Paris : Droz, 1938.

BAUSSET, Louis François Joseph, baron de. *Mémoires anecdotiques sur l'intérieur du palais de l'empereur Napoléon.* 4 vols. Paris : Levavasseur, 1829.

BEFFORT, Anna. *Alexandre Soumet, sa vie et ses œuvres,* Luxembourg : Imprimerie J. Beffort, 1908.

BELLIER-DUMAINE, Charles. *Alexandre Duval et son œuvre dramatique.* Paris : Hachette, 1905.

BELLOY, Pierre Laurent Buirette du. *Le Siège de Calais.* Préface. Paris : Duchesne, 1765.
— . *Gaston et Bayard.* Préface. Paris : Belin et Brunet, 1789.

BERTRAND, Louis. *La Fin du classicisme et le retour à l'antique.* Paris : Hachette, 1897.

BRANDES, Georg. *L'Ecole romantique en France.* Traduction de A. Topin. Paris : Michalon, 1902.

BRAY, René. *Chronologie du romantisme (1804-1830).* Paris : Nizet, 1963.

BRUNETIÈRE, Ferdinand. *Les Epoques du théâtre français.* Paris : Calmann-Lévy, 1892.

CARRION-NISAS, Marie Henri François Elizabeth de. *Montmorenci.* Dédicace. Paris : Duval, 1803.

CHATEAUBRIAND, François-René de. *Le Génie du christianisme.* Nouvelle édition révisée avec soin sur les éditions originales. Paris : Garnier frères, 1926.

CHÉNIER, Marie-Joseph. *Discours préliminaire à Charles IX. Œuvres.* Vol. I. Paris : Guillaume, 1826.

Coche, Camille. *Louis Vitet, sa vie et son œuvre*, conférence faite à Dieppe le 16 février 1902 à l'Association amicale des anciens élèves de l'école Louis Vitet. Dieppe : Imprimeries centrale et Delevoye réunies, 1902.

Daniel, George Bernard. *The « tragédie nationale » in France from 1552-1800. Studies in the Romance Languages and Literatures*, no. 45. Chapel Hill : University of North Carolina Press, 1964.

Descotes, Maurice. *Le Drame romantique et ses grands créateurs*. Paris : P.U.F., 1955.

Des Granges, Charles-Marc. *Le Romantisme et la critique : la presse littéraire sous la Restauration, 1815-1830*. Paris : Société du Mercure de France, 1907.

Draper, Frederick William Marsden. *The Rise and Fall of the French Romantic Drama, with Special Reference to the Influence of Shakespeare, Scott and Byron*. London : Constable & Company Ltd., 1923.

Dumas, Alexandre, père. *Mes Mémoires*. 10 vols. Paris : Michel Lévy frères, 1863.
— . *Comment je devins auteur dramatique. Un mot* [en tête de *Henri III et sa cour*.] *Théâtre complet*. Vol. I. Paris : Michel Lévy frères, 1874.
— . Préface à *Charles VII chez ses grands vassaux. Théâtre complet*. Vol. II. Paris : Michel Lévy frères, 1873.
— . Préface à *Napoléon Bonaparte, ou 30 ans de l'histoire de France. Théâtre complet*. Vol. II. Paris : Michel Lévy frères, 1873.

Duval, Alexandre. Notice à *Guillaume le conquérant. Œuvres complètes*. Vol. V. Paris : J.N. Barba, 1822.

Favrot, Alexandre. *Etude sur Casimir Delavigne*. Berne : Impr. de K. Staempfli, 1894.

Frère, Henri. *Ancelot, sa vie et ses œuvres*. Rouen : A. Le Brument, 1862.

Geoffroy, Julien. *Cours de littérature dramatique, ou recueil par ordre de matières des feuilletons de Geoffroy*. 6 vols. Paris : Pierre Blanchard, 1825.

Glachant, Paul et Victor. *Essai critique sur le théâtre de Victor Hugo*. Vol. I : Les Drames en vers de l'époque et de la formule romantique (1827-1839). Paris : Hachette, 1902.

Gouhier, Henri. « Remarques sur le 'théâtre historique'. » *Revue d'Esthétique* (janvier-mars, 1960), pp. 16-24.

Guex, Jules. *Le Théâtre et la société française de 1815 à 1848*. Vevey : Imprimerie Säuberlin & Pfeiffer, 1900.

Hallays-Dabot, Victor. *Histoire de la censure théâtrale en France*. Paris : Dentu, 1862.

Hénault, Charles Jean François [dit le président]. *Préface à François II, roi de France. Nouveau Théâtre François.* Paris, 1747.

Hugo, Victor. *Préface à Cromwell.* Paris : Garnier-Flammarion, 1968.
—. *Préface à Marion de Lorme. Œuvres complètes.* [Edition ne variatur.] Vol. XXIX. Paris : J. Hetzel & cie, A. Quantin & cie, 1880.

Julleville, Petit de. *Le Théâtre en France : histoire de la littérature dramatique depuis ses origines jusqu'à nos jours.* Paris : Armand Colin, 1860.

Lanson, Gustave. *Histoire de la littérature française.* Sixième partie : *le XIXᵉ siècle.* Livre I : *la littérature pendant la Révolution et l'Empire.* Livre II : *l'époque romantique.* Paris : Hachette, 1966.

Le Breton, André. *Le Théâtre romantique.* Paris : Boivin & cie, 1927.

Lecomte, Louis Henry. *Napoléon et l'Empire racontés par le théâtre.* Paris : Jules Raux, 1900.

Legouvé, Gabriel. *Avant-propos à La Mort de Henri IV. Observations historiques sur la mort de Henri IV.* Paris : Antoine-Augustin Renouard, 1806.

Lemercier, Népomucène. *Avant-propos à Richelieu, ou la journée des dupes.* Paris : Ambroise Dupont & cie, 1828.
—. *Avertissement à La Démence de Charles VI.* Paris : J.N. Barba, 1820.
—. *Préface à Frédégonde et Brunehaut.* Paris : J.N. Barba, 1821.
—. *Cours analytique de littérature générale, tel qu'il a été professé à l'Athénée de Paris.* 4 vols. Paris : Nepveu, 1817.

Lepeintre-Desroches, Pierre Marie Michel, éd. *Bibliothèquue dramatique, ou répertoire universel du Théâtre-Français.* 67 vols. Paris : Veuve Dabo-Butschert, 1824-1825.
—. *Suite du répertoire du Théâtre-Français.* 81 vols. Paris : Veuve Dabo, 1822-1823.
—. *Fin du répertoire du Théâtre-Français.* 45 vols. Paris : Veuve Dabo, 1824.

Leroy, Albert. *L'Aube du théâtre romantique.* Paris : Ollendorf, 1904.

Lintilhac, Eugène. *La Comédie de la Révolution au Second Empire.* Vol. V de *l'Histoire générale du théâtre en France.* Paris : Flammarion, 1910.

Maigron, Louis. « Deux ouvriers du romantisme : Vitet et Vigny ». *Revue Bleue,* 4ᵉ série, Vol. XX (1903), pp. 168-74.

Manzoni, Alessandro. Préfaces au *Comte de Carmagnola* et à *Adelghis,* tragédies traduites de l'italien par Claude Fauriel. [Edition suivie de la lettre à Chauvet sur l'unité de temps et de lieu dans la tragédie.] Paris :Bossange frères, 1823.

Marsan, Jules. *La Bataille romantique.* 1ʳᵉ série. Paris : Hachette, 1912.
—. « Le Théâtre historique et le romantisme (1818-1829), » *Revue d'Histoire Littéraire de la France,* XVII (1910).

MARSHALL, J.F. *Henri III, un acte inédit par Stendhal, avec introduction et commentaire par J.F. Marshall. Illinois Studies in Language and Literature*, Vol. XXXVI, no. 4. Urbana : University of Illinois Press, 1952.

MASON, James Frederick. *The Melodrama in France from the Revolution to the beginning of the Romantic Drama.* Baltimore : J.H. Furst company, 1912.

MERCIER, Sébastien. *Du Théâtre, ou nouvel essai sur l'art dramatique.* Amsterdam : E. Van Harrevelt, 1773.

MERLET, Gustave. *Tableau de la littérature française (1800-1815).* 3 vols. Paris : Didier, 1878-1883.

MICHAUD, Joseph François. *Histoire des croisades.* 7 vols. Paris : Michaud frères et Pillet, 1813-1822.

MURET, Théodore. *L'Histoire par le théâtre (1789-1851).* Vol. I : *La Révolution, le Consulat et l'Empire.* Vol. II : *La Restauration.* 3 vols. Paris : Amyot, 1865.

MUSSET, Alfred de. *Mélanges de littérature et de critique.* Chapitre : « De la tragédie à propos des débuts de Melle Rachel. » Paris : Charpentier, 1867.

NEBOUT, Pierre. *Le drame romantique.* Paris : Lecène, Oudin & cie, 1895.

PARIGOT, Hippolyte. *Le Drame d'Alexandre Dumas.* Paris : Calmann-Lévy, 1899.

PARTURIER, Maurice. « Stendhal et Vitet ». *Le Figaro*, 28 octobre 1933.

PORCHAT, Jean-Jacques. *Etude sur les drames consacrés à Jeanne d'Arc, par Schiller, L. d'Avrigny, Soumet etc.* Lyon, 1844.

RAYNOUARD, François. *Des Templiers.* [Notice historique en tête de sa tragédie *Les Templiers.*] Paris : Giguet et Michaud, 1805.
— . *Notice historique sur le duc de Guise.* [En tête de sa tragédie *Les Etats de Blois.*] *Préface aux Etats de Blois.* Paris : Mame frères, 1814.

RÉMUSAT, Charles. « La Révolution du théâtre. » *Lycée Français*, V (1826).

SAINTE-BEUVE, Charles Augustin. *Discours de réception à l'Académie Française.* [Sur Casimir Delavigne.] *Portraits contemporains.* Vol. III. Paris : Didier, 1846.
— . *Charles II ou le labyrinthe de Woodstock.* [Sur Alexandre Duval.] *Premiers lundis.* Paris : Calmann-Lévy, 1886.

SAKELLARIDÈS, Emma. *Alfred de Vigny auteur dramatique.* Paris : Editions de la Plume, 1902.

SCHLEGEL, August Wilhelm. *Cours de littérature dramatique.* Traduit de l'allemand [par Mme Necker de Saussure]. 3 vols. Paris et Genève : J.J. Paschoud, 1814.

SOURIAU, Maurice. *De la convention dans la tragédie classique et dans le drame romantique.* Paris : Hachette, 1885.

——. *L'Histoire du romantisme en France.* Vol. I : *Le Romantisme sous l'Ancien Régime, la Révolution, le Consulat et l'Empire.* Vol. II : *La Restauration.* Vol. III : *La Décadence du romantisme.* 2 tomes en 3 vols. Paris : Spes, 1927.

STAEL, Mme de. *De l'Allemagne.* 2 vols. Paris : Treuttel & Würtz, 1820.

STENDHAL. *Racine et Shakespeare.* Edition Pierre Martino. 2 vols. Paris : Honoré Champion, 1925.

TIEGHEM, Philippe Van. *Les Grandes Doctrines littéraires en France.* Troisième partie : les théories romantiques (1800-1850). 8ᵉ édition. Paris : P.U.F., 1968.

TREILLE, Marguerite. *Le Conflit dramatique en France de 1823 à 1830 d'après les journaux et les revues du temps.* Paris : Picart, 1929.

TROTAIN, Marthe. *Les Scènes historiques : étude du théâtre livresque à la veille du drame romantique.* Paris : Honoré Champion, 1923.

UNGER, Esther. « An Aesthetic Discussion in the Early XIXth Century : the 'Idéal'. » *M.L.Q.* (December 1959), pp. 355-59.

VIGNY, Alfred de. *Avant propos à la Maréchale d'Ancre. Théâtre.* Vol. II. Paris : L. Conard, 1927.

——. *Réflexions sur la vérité dans l'art.* [En tête de] *Cinq Mars.* Vol. I. Paris : Gosselin, 1833.

VITET, Ludovic. *Avant-propos aux Etats d'Orléans : Œuvres complètes. La Ligue.* Vol. I. Paris : Calmann-Lévy, 1883.

——. *Introduction à la Ligue. Ibid.*

——. *Histoire abrégée de la Ligue depuis son origine jusqu'à la journée des Barricades (1576-1588).* Ibid.

——. *Histoire abrégée de la Ligue. Deuxième partie : récit de ce qui s'est passé depuis la journée des Barricades jusqu'à l'avant veille de la mort de MM. de Guise (13 mai-21 décembre 1588).* Vol. II.

——. *Histoire abrégée de la Ligue. Troisième partie : récit de ce qui s'est passé depuis la mort de MM. de Guise, à Blois, jusqu'à l'arrivée du roi Henri III devant Paris (24 décembre 1588-30 juillet 1589).* Vol. II.

——. *Avant-propos aux Etats de Blois.* 3ᵉ édition. Paris : Fournier jeune, 1829.

——. *Avant-propos à La Mort de Henri III.* Paris : Fournier jeune, 1829.

VOLTAIRE. *Epître dédicatoire de Zaïre à M. Falkener, négociant anglais. Œuvres complètes.* Vol. II. Kehl : Imprimerie de la société littéraire typographique, 1785.

WELSCHINGER, Henri. *La Censure sous le 1ᵉʳ Empire.* Paris : Charavay frères, 1882.

TABLE DES MATIÈRES

L'histoire nationale le dispute à la littérature néo-classique dans le traitement des pièces de circonstance. Les pièces patriotiques à l'affiche pendant la Campagne de France. Valeur de ces œuvres nationales de circonstance.

L'histoire reculée comme matière dramatique remplaçant les sujets classiques. Les conditions imposées par la censure : impartialité et indépendance vis-à-vis de l'actualité. Les auteurs et leurs pièces : Carrion-Nisas, *Montmorenci* ; Legouvé, *La Mort de Henri IV* ; Aignan, *Brunehaut ou les successeurs de Clovis* ; Raynouard et Lemercier.

Etude des *Templiers*. La critique de Geoffroy et celle de Napoléon. Succès de la pièce. Raynouard et Corneille. La préface des *Etats de Blois* : définition de la tragédie nationale selon Raynouard. Etude des caractères et de la pièce. Motifs de l'interdiction en 1810. Echec de la représentation de cette tragédie en 1814.

Richelieu ou la journée des dupes : création de la « haute comédie historique ». Complexité de l'intrigue dans les premières tragédies nationales, *Charlemagne* et *Clovis*. Une tragédie royaliste et religieuse : *Louis IX en Egypte. Baudoin empereur*. Orientation vers la tragédie de caractère avec les pièces composées sous la Restauration : *La Démence de Charles VI*, chef-d'œuvre du dramaturge, et *Frédégonde et Brunehaut*. Retour à la tradition antique de Sophocle et d'Euripide. Situation de Lemercier vis-à-vis du classicisme et du romantisme.

faits comiques de l'histoire. *Le Marguillier de Saint Eustache.* L'histoire anecdotique : *Le Fouet de nos pères* et *Le Diamant de Charles Quint.* L'imitateur de Vitet à partir de 1826 : les fragments d'histoire dialogués. *La Mort de Henri IV ; La Proscription de la Saint-Barthélemy.* Un moyen terme entre la première veine comique et le fragment d'histoire dialogué : *Le Budget de Henri III.* Roederer historien. Echec du genre avec l'avènement du drame national romantique.

Le rédacteur du *Globe* et le théoricien du romantisme. Un essai d'un genre nouveau : *Les Barricades.* Intentions politiques, littéraires et historiennes des *Barricades.* Les imitateurs du genre. Suite aux *Barricades : Les Etats de Blois,* ou le triomphe du genre. Comparaison de cette pièce avec celle de Raynouard : différences de base entre la tragédie nationale classique et les scènes historiques romantiques. Dernier acte de la trilogie : *La Mort de Henri III.* Obstacles présentés par le sujet et défauts de l'œuvre. Vitet précurseur du romantisme au théâtre. Son apport et son originalité. Points par lesquels il se sépare des futurs dramaturges romantiques. Caractère transitoire du genre ainsi créé par rapport au drame romantique national.

Les débuts du romantisme à la scène : le *Louis XI à Péronne* de Mély-Janin. La première application véritable des principes romantiques sur scène : *Henri III et sa cour.* Triomphe de la pièce. Alexandre Dumas et la fidélité à l'histoire. Ses pièces nationales ultérieures. *La Maréchale d'Ancre* d'Alfred de Vigny. Vigny et la « vérité artistique ». Thèse morale de la pièce et thèmes annonçant l'œuvre future du poète. Le premier drame romantique national en vers :

ACHEVÉ D'IMPRIMER PAR
LES
PRESSES DU PALAIS-ROYAL
65, RUE STE-ANNE, PARIS
2ᵉ TRIMESTRE 1975
Nᵒ IMPRESSION 4574

Groupement économique France-Gutenberg